JN079437

小さな思いつき集

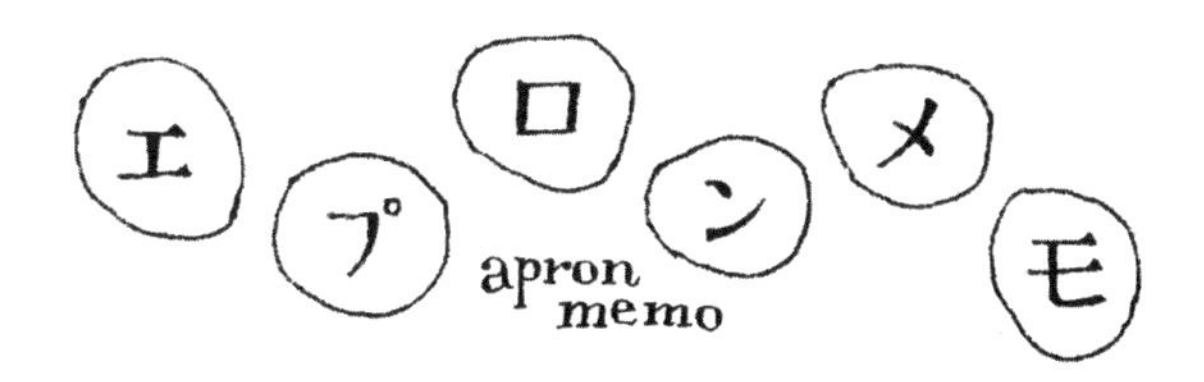

暮しの手帖社

装画・題字・カット　佃二葉
ブックデザイン　わたなべひろこ

もくじ

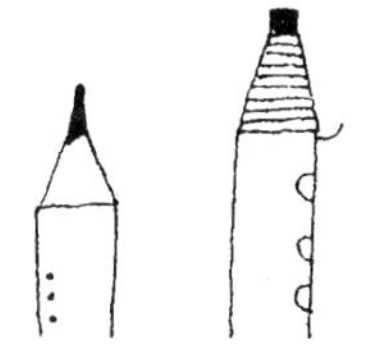
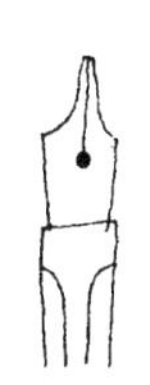
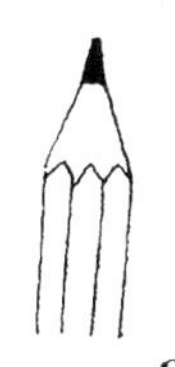
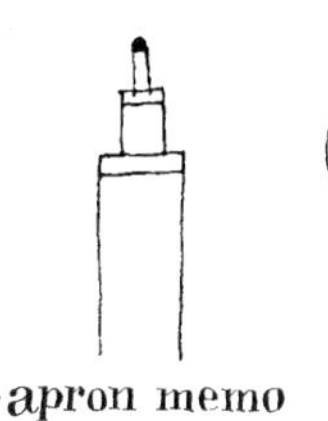

apron memo

はじめに

『小さな思いつき集 エプロンメモ』をお手にとってくださり、ありがとうございます。

「エプロンメモ」は、1954年9月発行の『暮しの手帖』1世紀25号から、毎号『暮しの手帖』に掲載している長期人気連載で、家庭でのちょっとした思いつきや工夫を、簡潔な「メモ」にして集めたものです。その内容は、食べもの、着るもの、おしゃれ、住まい、子どものこと、人とのお付き合い、身体のことなど、身のまわりすべてに及びます。

当初は、「暮しの手帖社」の創立者の一人であり、社主であった大橋鎭子(しずこ)が執筆を担当しておりましたが、まもなく実妹である大橋芳子が受け継ぎました。原稿は、読者と編集部員から募って厳選してまとめ、ライフワークとして大切に育てました。

現在も、「エプロンメモ」のページでは、編集部からの募集に応じて全国からさまざまな原稿が届きます。ユニークな内容に思わずくすっとすることや、なるほどと膝を打つこともしばしば。投稿者にお電話をして、くわしく教えていただくこともありますし、料理や手芸などの実用的な内容の場合は、かならず編集部で作って、試したうえで掲載しています。

私たちは、誰かのひとかけらの工夫がきっかけになって、明るい光が差したり、思いがけぬほど力づけられたりするものではないでしょうか。「エプロンメモ」が長く愛されている理由は、ここにあると思っています。

本書は、ロングセラーである『エプロンメモ』『エプロンメモ２』に続き、およそ20年ぶりの一冊となりました。今の暮らしにも役に立つ６２８編を、早春、春、初夏、夏、秋、冬の季節に分けて収録しています。読者と編集部が一緒に作り上げた、まさに暮らしの知恵袋です。歳時記のようにも、小さなお話としてもお楽しみいただけます。どれかひとつでも、ふたつでも、あなたのお役に立ちますように。

暮しの手帖編集部

本書は、『暮しの手帖』第4世紀（2002年11月〜2019年5月）に連載した「エプロンメモ」のなかから選り抜き、一冊にまとめたものです。投稿者のお名前、お所は、連載当時のままに収録いたしました。

早春の章

我が家の味を

離れて暮らしている二人の娘のために、家族に大好評だった我が家のレシピにエピソードを交えて綴った「料理ノート」を作っています。写真と動画も整理して、娘たちが嫁ぐ時には持たせたいと思っています。

（鹿児島県・前川京子）

一輪挿しをどうぞ

黄色いバラの花を一本いただきました。さっそく一輪挿しの花瓶に挿して飾りました。近頃は、とりどり入った花束をいただくことが多いですが、久しぶりに一輪の花の、端正な美しさに心が和み、かえって豊かな気分になりました。

（千葉県・小山久子）

夜ベッドに入る時に

寒い季節は、一番上にかける布団と肩の間にバスタオルを挟むようにかけて寝ています。さっぱりしたバスタオルの肌ざわりが気持ちよく、すきま風も入らないので暖かく休むことができます。病院に入院した折も重宝しました。

（埼玉県・石関悠紀子）

童話を読む

家事の合間に、昔読んだ童話や民話のページを繰り、あらためて読み返してみると、ゆったりとしたピュアな世界に触れられます。一篇が短いので、いつでも止められるのがいいところ。今は、イタリア民話の「みどりの小鳥」（イタロ・カルヴィーノ著）を読んでいます。

（東京都・小原喜子）

薬の飲み忘れ防止

毎食後、何かしら飲み薬があると、飲み忘れが気になるものです。10センチ角くらいのケースに、薬と小さなカレンダー、色鉛筆を入れておきます。薬を飲み終わったらカレンダーに鉛筆で小さく印をつけます。朝昼晩、印を3回つけたらその日は終わりです。

（千葉県・高田容子）

葉を楽しむ

古い本の間から、アイロンをかけたような葉っぱが出てきました。若草色に夕焼け色、絵の具で葉っぱに好きな色を塗って、葉書や和紙にペタペタうつしとっています。

（宮城県・金須桂子）

魚の干物を

干物をビニール袋に入れ、日本酒を一尾あたり大サジ1杯くらい振りかけ、空気を抜いて冷蔵庫に入れておきます。軽く水気を切ってから焼けば、塩気がほどほどになり、旨みが十分について、ぐんと美味しくなります。焦げすぎる心配もありません。

（岩手県・加東あき子）

貝割れ大根を

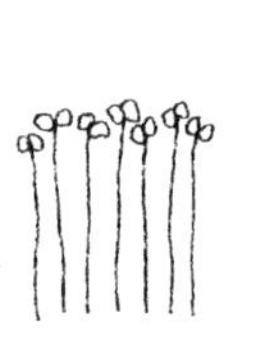

貝割れ大根をごく小さく切って、とろろ芋や納豆に混ぜてみました。辛味もおさえられ、シャキシャキとした食感が美味しいので、沢山食べられます。

（北海道・畠山裕子）

シチューミックスの活用法

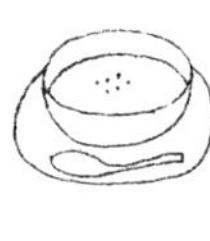

クリーム風味、コーン風味などのシチューミックスを溶かして、ゆでて潰したかぼちゃ、にんじんなどを加えます。ちょっと煮立てて、仕上げに生クリームを加えれば、手軽に本格派ポタージュが楽しめます。簡単ですし、離乳食にもおすすめです。

（京都府・中出あゆみ）

出番の少ない大皿で

ミート皿など大きいお皿は戸棚にしまいこみがちです。たまには、そんな大皿にパンやサラダ、コーヒーカップを載せて、トレイ兼用のワンプレートランチにしてみましょう。雰囲気が変わって、盛り付けも楽しくなります。

（北海道・浅井紀子）

前部に刺しゅうを

ウエストにゴムの入ったパンツは楽なのですが、前後の見分けがつきにくいものもあります。そこで前の中央部分にボタンをつけたり、ワンポイントの刺しゅうをしておくと、すぐに穿けて便利です。レギンスにも良いでしょう。

（大阪府・土谷美智子）

旅先からの手紙

旅先からの手紙は書くのももらうのも嬉しいものです。そこで自分へあてて、その日の行動を詳細に書いた手紙を送ります。観光ポストカードやホテルのレターセットに書けば、旅の気分を思い出し、もう一度訪れるきっかけになるかもしれません。

（徳島県・足立生子）

ワインが残ったら

飲み残したワインの瓶にコルクで栓をするとき、コルクをラップでくるんでから栓をすると、ピッタリとしまります。酸化を遅らせ、また、その味の変化をゆっくりと楽しむことができます。

（埼玉県・東 恵章）

そばのゆで汁

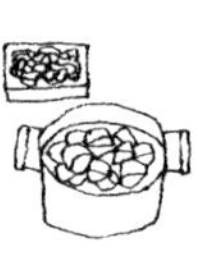

そばをゆでた後のゆで汁で、食べやすい大きさに切ったさつまいもをゆでます。ゆで汁の塩分ととろみがさつまいもに絡まり、上品で滋味豊かな食感になります。

（鳥取県・入江純子）

ゴムを2本で

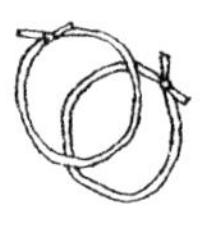

髪を結うとき、髪用のゴムを1本ではなく2本使います。1本を二重にするよりきっちり結べるので、あまり髪の長くない、ぱらぱら落ちてきやすい方におすすめです。

（東京都・木田菜々）

引き戸の中央に

ガラス引き戸の食器棚は中央部分が意外

と使いづらいものですが、同時によく目立つ場所でもあるので、鑑賞スペースにしています。お気に入りの雑貨や一輪挿しを並べています。

（愛知県・佐々木延美）

大根のしゃぶしゃぶ

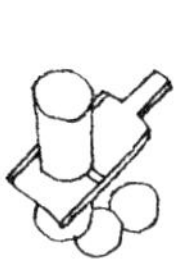

いつもの鍋に入れる大根を、切り方を工夫して、スライサーで薄く切ってみました。しゃぶしゃぶのようにさっと火を通すと、歯ごたえも、だし汁のなじみもなかなか良いです。

（大阪府・津隈佳代子）

小分けのしょうが

しょうがをまとめてすりおろし、薄く伸ばして、一回分ずつ小分けにして冷凍します。それを甘酒や紅茶、スープなどを飲むときにひとかけら加えると体が温まります。

（熊本県・河野一子）

セーターのほつれに

セーターの袖口がほつれて裂けてしまいました。あきらめる前に、いっそのこともっと裂いて、裂き終わりをミシンで留めて、リボンを結んでみたらとても可愛

くなり、まだまだ着られるようになりました。（宮城県・安井菜穂）

服を買うとき

服を買う時は、特別にお洒落をするのではなく、シンプルな普段着ででかけるようにしています。試着した時にコーディネートをイメージしやすいですし、シンプルな服に合わせた時にこそ、そのものの良さが見えてきます。（神奈川県・矢田章代）

塩番茶でうがい

喉が痛くなりやすくて困っていたら、番茶にひとつまみの塩を入れたもので一日に何度もうがいをすると良いと聞き、実行してみました。番茶なので飲みこんでしまっても大丈夫ですし、痛みもやわらぎました。（兵庫県・穴田敏子）

ウエストの測り方

フリーマーケットなどで試着ができない時に、自分のウエストに合う服かどうかを知る方法です。まず、その服のウエス

トのボタンを閉めた状態で、ウエスト部分の両端を両手で持ちます。それを自分の首に回し当ててみて、ウエスト部分が首を一周すれば入る、一周しなければその服は入らない、という目安になります。

（東京都・本田隆志）

スパイシーココア

カルダモン、シナモン、黒コショウ、クローブを細かく挽いたものをココアに振りかけて飲むと、体が温まり、いつもとは違った美味しさです。インドのミルクティー、チャイにもよく合います。

（長崎県・田川素子）

ドライマンゴー

市販のドライマンゴーを適当な瓶に入れて梅酒で満たします。一晩おけばフレッシュ感が戻って、おいしく食べられます。

（埼玉県・東　惠章）

コーヒーにハチミツ

紅茶やハーブティーにハチミツを入れる方は多いと思いますが、コーヒーにも意外と合います。ほのかに甘く、苦味もやわらいで優しい味になります。

（東京都・佐藤千代子）

残り餅レシピ

餅を５㎜厚にスライスし、電気ホットサンドメーカーに敷き詰めて焼きます。餅同士が熱で溶けてくっつき、ホットサンドのようになります。餅と餅の間にチーズや海苔、きんぴらごぼうやジャムを挟んでも美味しいものです。

（熊本県・河野真美）

鼻呼吸

小鼻の片方を指で押さえて１分間、鼻呼吸。最後に息を吐いて、指を離します。これを両鼻で繰り返すと、鼻の通りが良くなり、木や花の香りに敏感になります。気分転換にもなり、リラックスできますし、風邪も引きにくくなりました。

（東京都・酒井つぐみ）

お汁粉におかき

お汁粉やぜんざいを食べる時、餅の代わりに塩味のおかきを入れたら、焼いた餅のように香ばしく、美味しくいただけました。

（石川県・斉藤めぐ美）

保冷剤

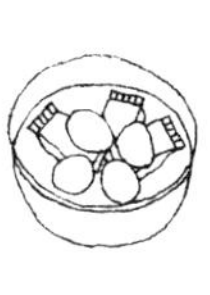

ゆで玉子などを冷ますとき、何度も水を替えずに、保冷剤をたくさん入れた水で冷やせば、水の節約になります。保冷剤は繰り返し使えるので、ケーキなどに付いてきたら、冷凍庫に入れて取っておくようにしています。

（兵庫県・古田さちえ）

旅から帰って

旅行中、地面に直接置くことの多いトランクやボストンバッグは、思いのほか汚れています。帰ったら荷物は玄関先に置いておき、除菌効果のあるウエットティッシュなどで底面や持ち手部分の汚れをよく拭き取ってから、家にあげるようにしています。

（福島県・高橋敦子）

服のサイズ

異性や歳の離れた方の服のサイズは、いざ選ぶとなるとなかなかピンとこないもの。そこで、家族や恋人の洋服のサイズをあらかじめ覚えておきましょう。肩幅、着丈、袖丈がわかっていれば、とっさの贈り物選びにも役立ちます。

（東京都・本田秀子）

電車の乗車位置

いつも乗る電車は、次の乗り換えが便利な車両や、女性専用、比較的すいている車両などを調べて、毎回同じ車両に乗るようにしています。忘れ物をしたときに、手がかりとなって助かったことがありました。

（福岡県・矢田洋子）

キッチンタイマー

台所仕事以外でも、ちょっとした合間に何かをするときや、外出前の準備など、いろんな場面でキッチンタイマーを利用して、だらだらと時間をかけないようにしています。読書のときなど、つい夢中になっていても、タイマーが鳴ると、ぐいっと現実の世界に引き戻されます。

（神奈川県・杉本なおみ）

いつもメガネを

普段はコンタクトレンズを使用しているのですが、地震などの非常事態に備えて、メガネを必ず持ち歩いています。目の調子が悪いときなどにも助かっています。

（大阪府・田中知里）

溶き玉子に長芋

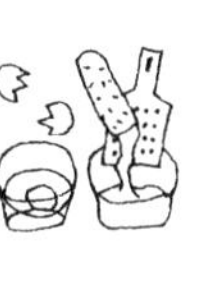

スープや味噌汁などの汁物に溶き玉子を入れるとき、溶き玉子に長芋を混ぜます。長芋の量はお好みですが、玉子より少なめくらいがちょうどいいでしょう。その玉子を沸騰した汁物に溶き入れます。玉子がふわふわになり、おいしく出来上がります。

（京都府・中出あゆみ）

留守番のお弁当

留守番で、一人でご飯を食べる子どもやお年寄りのための、食事の用意の工夫です。同じおかずでも、お弁当箱に入れておくと、喜んで食べてくれます。お皿に入れて一人で温めて、というよりも、お弁当のほうが愛情が感じられるようです。

（岩手県・田所奈々枝）

トイレの一輪挿し

トイレの一輪挿しには香りのよい花を挿すようにしています。冬には水仙、春には沈丁花（じんちょうげ）やフリージアなど。自然の花の香りは、やさしくゆったりしたいい気分にさせてくれます。

（兵庫県・安藤浄子）

変わりお稲荷さん

あぶら揚げに納豆をつめて、カリカリに焼くことがありますが、「納豆ごはん」をつめて焼いたところ、お稲荷さん風にできあがりました。納豆ごはんに、なめたけや「食べるラー油」を入れても美味でした。お酒を飲んで、最後にちょっとだけ、ごはんを食べたいな、というときにも、ぱくりと食べられます。

（北海道・石田かずこ）

とぎ汁でワックス

米のとぎ汁を使って、床そうじをしています。米のとぎ汁に含まれるぬかには、ワックス効果があるので、仕上がりはいつもピカピカです。玄関やトイレでも、素足で抵抗なく歩けるほどきれいになります。

（北海道・丸山 恵）

レシピの置き場

料理をするとき、レシピの置き場に困るものです。わたしは、バインダーのクリアポケットにレシピのコピーを入れています。料理をするときは、必要なページをバインダーからはずして、よく見えるところにテープで貼っています。使ったあとは、そのままバインダーにしまえばいいので便利です。（東京都・植苗容子）

さつま芋のお菓子

お菓子を作ろうとして、あんにする小豆を切らして困ったときに、さつま芋を使ってみました。ゆでたさつま芋をペースト状にし、熱いうちに砂糖適量と塩をひとつまみ入れ、混ぜたものを団子状にまるめます。米ともち米を半々で炊いて、粒が少し残るくらいに潰し、おにぎりくらいの塩気になるように味付けをします。お米生地を適量とり、芋のあんをくるんだら、砂糖と塩をひとつまみ入れたきな粉をまぶします。手軽に作れて、素朴ながら、上品な味わいです。（埼玉県・足立晴美）

裏返しの便せん

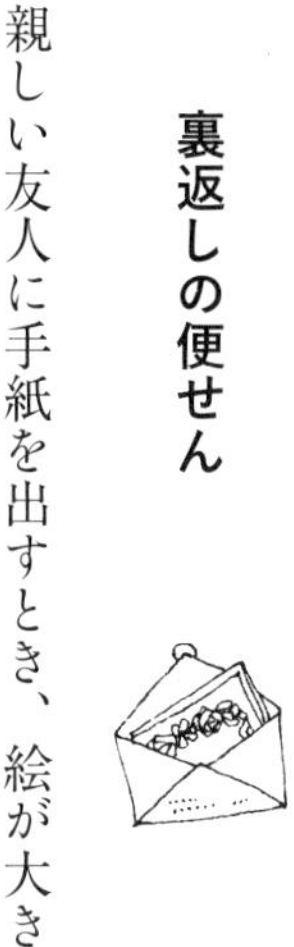

親しい友人に手紙を出すとき、絵が大きく、あまり文字が書けない便せんを裏返して使ってみました。折って封筒に入れれば、取り出したときに絵が見えるのでかわいらしく、文字を書く面は、絵が文字を邪魔しないのですっきり見えます。（鳥取県・西 祐美子）

ハーブを簡単に

ハーブを、たくさん、ざく切りするときに便利な方法があります。空のコップにハーブの葉を入れ、その中でキッチンバサミを使って切ります。葉が散らばってまな板を汚すこともなく、コップからそのまま料理に入れることができます。

（愛知県・加々美好子）

予備の服を

よそいきの服は、二着用意しておきましょう。外出前に急に汚してしまったとき、もう一着あると安心します。

（東京都・野本まさ子）

細長いグラスで

糖分の入っているジュースやお酒などは、摂りすぎると体重増加やむくみの原因になります。ペットボトルや瓶から細長いグラスに移して飲んでみましょう。グラスの高さに目が行くので、実際に飲んだ量よりも、たくさん飲んだ気分が味わえて、摂取量を減らすことができます。おしゃれな気分も味わえて、一石二鳥です。

（神奈川県・榊　美智代）

感謝の言葉を

レストランなどに食事にいくときには、一筆箋をカバンにしのばせておきます。おいしいお料理の感想や、店員さんの親切な接客へのお礼を書いて、テーブルの上に置いて帰るようにしているからです。お会計のときの「ごちそうさまでした」「おいしかったです」という言葉だけでは伝えきれない、そのお店で過ごした楽しい時間への感謝を、文章なら伝えることができます。

（徳島県・足立生子）

毛糸玉

編み物をしていると、毛糸玉が転がったり、毛糸がからまったりして、イライラすることがあります。巾着などの、口を細くできる袋物に毛糸を一玉ずつ入れてすると、細くなった袋の口から毛糸がするすると出てくるので、便利です。

（東京都・橋本恵美）

あったかデザート

豆乳を鍋に入れ、お好みの量の砂糖を加え、溶かしながらあたためます。豆乳は、

沸騰させると分離してしまうので気をつけます。豆乳がひと肌くらいの温度になったら、絹ごし豆腐をサイコロ状に切って加えます。豆腐もひと肌ほどにあたたまったら、できあがりです。クコの実があれば、乗せると彩りになります。

（東京都・菊川真澄）

洋服を買うときに

気に入って買った洋服が個性的すぎて、手持ちの服と合わせづらく、コーディネートに困ることがありました。そこで手持ちの洋服を何枚か、携帯電話で撮影してから買い物にいくようにしました。トップスを買う予定のときはボトムを、靴やカバンを買うときは全身のコーディネートを撮ります。コーディネートしにくいものを買うことが防げますし、店員さんに「これに合うものが欲しい」と相談できて役立ちます。

（埼玉県・工藤美代子）

保温ボトルで

一人でハーブティーを飲むときは、ティーポットではなく、携帯用の保温ボトルで、お茶を淹れています。ハーブティーは通常のお茶よりも、蒸らす時間が長めのものがおおいので、お湯が冷めてしまうのを防げます。なにより、一人

分だけを楽しむのに手頃です。

（神奈川県・杉本直美）

ビール湿布

ビールに含まれるアルコールなどの成分には、油を溶かす効果があります。家でビールを飲み残してしまったときには、キッチンペーパーにビールを含ませ、〝ビール湿布〟を作って、ガスコンロなどに貼りつけておきます。しばらくしたら、油が浮き出てくるので、そのまま拭きとります。ビールのにおいは、時間がたてば消えてしまうので、気になることはありません。

（東京都・吉野優子）

ゆずの活用法

ゆずの季節になると、香水代わりにゆずを持ち歩きます。外出する時に、洋服のポケットに小さめのゆずを入れておくと、ほんのりと香りがただよってきます。夜眠る時に枕元に置いておけば、心地よく眠ることができます。また、ゆずの皮をすりおろして、おにぎりに混ぜるのもおすすめです。

（東京都・阿部かすみ）

りんごの変色対策

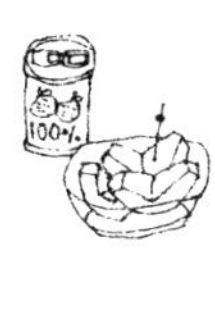

りんごを切った後に、変色を防ぐために

塩水につけるのが一般的ですが、うっかりつけるのを忘れてしまい、茶色に変色してしまうことがあります。そんな時は、レモン汁や、ビタミンCが豊富な果汁100%のオレンジジュースなどにつけると色が元に戻ります。(岡山県・佐々木真由)

オリジナルカナッペ

カナッペは食パンやクラッカーに野菜などをのせた料理ですが、私は、台にさつまいもを使っています。5ミリほどの厚さに切ったさつまいもを、オーブントースターで焼き色がつくまで焼き、塩昆布、佃煮、海苔などをのせると、オリジナルの「和風カナッペ」の完成です。ジャムやチーズ、ハム、ソーセージなどをのせた「洋風カナッペ」もおすすめです。友達とのパーティで作ったところ、とても好評でした。(兵庫県・安藤浄子)

春巻きグラタン

グラタンを作りすぎてしまった時は、グラタンを春巻きの皮で巻いて、油で揚げて「春巻きグラタン」にしています。皮がパリッと、中がトロリとしているので、味だけでなく、食感も楽しめます。ご飯のおかずとしてはもちろん、子どものおやつにもぴったりです。(三重県・宮本直美)

排水口のぬめり防止

排水口のぬめり防止に、アルミホイルがおすすめです。アルミホイルを10㎝ほど引き出してカットし、丸めたものを2～3個作ります。これを、排水口のトラップの中に入れておくだけです。ぬめり防止のほかに、アルミホイルは悪臭を防ぐ効果もあるので、一石二鳥です。

（埼玉県・佐伯こずえ）

円形のホットケーキ

ホットケーキを作る時に、タネの液だれで周りを汚してしまったり、きれいな円形が作れないことがあります。そこで、タネをケチャップ用の容器に移し替えてみたところ、液がぽたぽたと垂れることもなく、きれいな円形が作れました。

（青森県・笹岡茉利）

パンツハンガーで

レシピを見ながら調理したい時は、パンツハンガーで、見たいページを開いた本をはさみ、戸棚の取っ手などにひっかけています。本を汚すこともなく、安心して調理ができます。

（東京都・三木 葵）

ストッキングの活用

手の届かない隙間や、ベッドの下などにものを落としてしまった時は、掃除機の先端をはずし、いらなくなったストッキングをかぶせて輪ゴムで留めてから吸い取ってみましょう。ストッキングのおかげで、掃除機に吸い込まれることなく、簡単にものを取ることができます。

（新潟県・加藤三沙子）

便利な乾燥しょうが

しょうがを薄切りにし、ザルに広げ、2～3日天日干しして、カラカラになるまで乾燥させます。その後、すり鉢でするか、ミルを使って粉末にし、容器に入れて冷蔵庫で保存します。ひとつまみ程度をカップに入れ、お湯を注いで蜂蜜を加えて飲むと、身体が芯から温まる蜂蜜しょうが湯になります。風邪のときにもおすすめです。ココアや紅茶に入れてもおいしいです。

（東京都・菊川真澄）

ヘッドランプの活用

登山に使うヘッドランプを、朝晩の犬の散歩のときや、狭くて暗い場所の掃除をするときに使っています。懐中電灯のよ

うに、手がふさがることもありませんし、部屋の意外な部分の汚れを発見したりと、重宝しています。

（山梨県・矢竹由希子）

ホットプレートの掃除

お好み焼きや、焼肉で焦げついたホットプレートを掃除するには、氷が便利です。まず、全体をザッと洗った後、ホットプレートを少し温めます。菜箸で氷をつまみ、汚れている箇所に、おし付けるようにして、氷が溶けるまでこすります。その後、スイッチを切って冷ますと、汚れが浮いているので簡単に取り除くことができます。

（長野県・岸本沙織）

靴ベラ代わりに

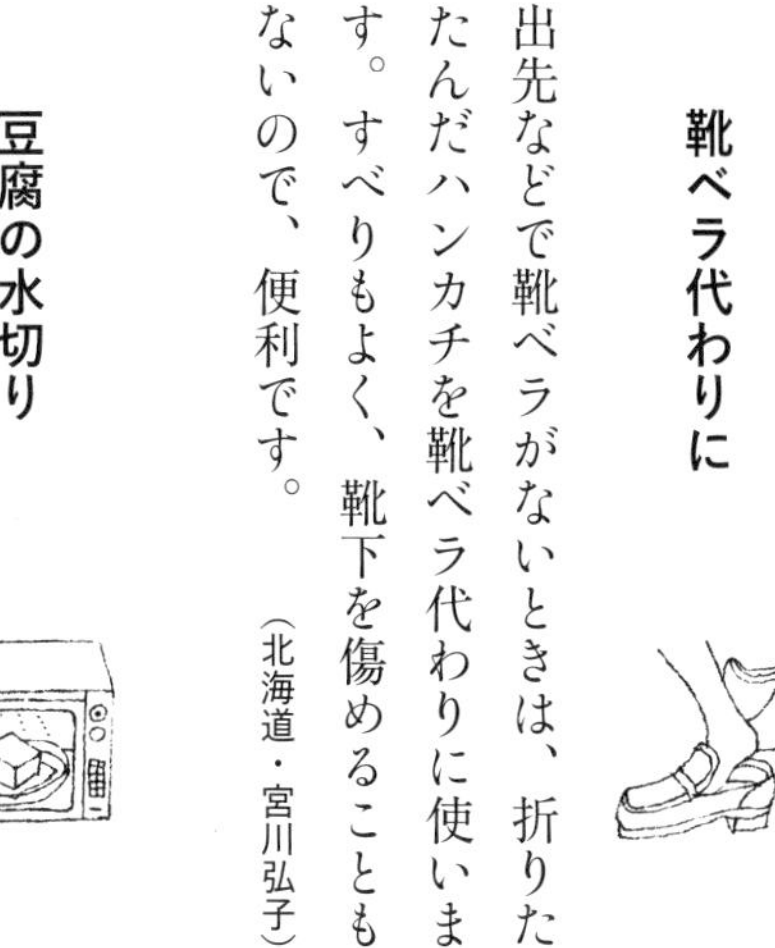

出先などで靴ベラがないときは、折りたたんだハンカチを靴ベラ代わりに使います。すべりもよく、靴下を傷めることもないので、便利です。
（北海道・宮川弘子）

豆腐の水切り

食事の準備をしているとき、うっかり豆腐の水切りを忘れていることがあります。そんなときは、耐熱皿にキッチンペーパーを敷き、その上に豆腐をのせて、ラップをかけずに、電子レンジで2～3

分加熱すると、素早く水分を抜くことができます。

（香川県・内田ふみ）

レタスを長持ちさせる

レタスは、芯の部分をくり抜き、そこに、濡らしたキッチンペーパーをつめると長持ちします。芯は、両手の親指で強くおすと、簡単に取ることができます。

（東京都・山根麻衣）

吹きこぼれ防止

パスタをゆでるときに、塩と一緒に、油を数滴たらします。そうすると、吹きこぼれを防止できるうえに、パスタがくっつきにくくなり、一石二鳥です。

（岡山県・高橋みずほ）

冷やご飯がないときは

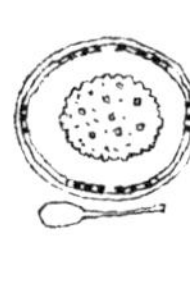

チャーハンはパラパラに仕上げたいものですよね。冷やご飯のストックがないときは、ご飯を炒める前にお皿に広げて、ラップをせず電子レンジで2分ほど加熱します。余計な水分をとばしてから調理すると、パラパラのチャーハンが完成します。

（愛知県・中村美佐）

押入れの湿気とりに

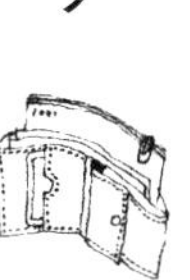

押入れの湿気とりには、古新聞がおすすめです。たたんだ布団の隙間をうめるように、筒状に丸めた古新聞を差し込んでおくだけ。湿ったら取り換えましょう。

（愛媛県・鈴木房子）

財布の中のクリップ

千円札は、少額だからとついつい軽い気持ちで使うことが多く、一万円札を崩した途端、まるで羽が生えたかのように、あっという間になくなってしまいます。

そこで私は、自戒のために、財布の中に小さなゼムクリップを入れておき、千円札を5枚で一束に留めることにしています。抑制が効いて、無駄遣いの防止になります。

（兵庫県・難波としこ）

スポンジを清潔に

お茶を淹れるときなど、多めにお湯を沸かして、雑菌が繁殖しがちなシンクのスポンジやタワシにこまめにかけるように心がけています。熱湯には殺菌効果があるので、水回りが清潔に保てます。手で触れるくらいに冷めたら、よく水分を切っておきます。

（大阪府・浦野順子）

普段からよそゆき

これまでは食器棚の奥に仕舞いこんでいた高価な茶碗や皿を、お客様があったときだけでなく、日常的に、自分たち家族も使用してみることにしました。よいものを使って生活すると気分がしゃんとしますし、取り扱いに注意を払うので、日頃の立ち居振る舞いも自然と丁寧になるようです。

（京都府・重松　梓）

はさみのベタつきに

ガムテープなどの粘着性が強いものをはさみで切った後は、刃がベタベタとして、使いにくくなることがあります。そんなときは、刃を開き、消しゴムをかけると、粘着物質が消しゴムのカスにくっついてぽろぽろと取れ、切れ味が元通りに戻ります。

（福岡県・山田真由美）

嬉しい緩衝材

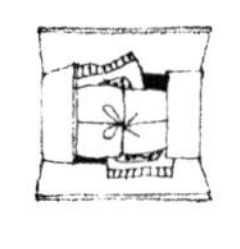

小包を送る際、ちょうどいいサイズの箱が見つからず、大き過ぎて、品物と箱の間に隙間が空いてしまうことがあります。そんな時は、緩衝材代わりに、小袋に入ったお菓子を詰めて埋めることにしています。空気が充塡された個別包装の豆

菓子など、軽いうえに割れにくいので、重宝しています。開けてびっくり！　主役の品物とともに、ちょっとしたサプライズも届けます。

（神奈川県・杉本直美）

ケチャップの効能

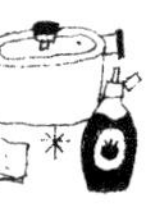

銅製品のやかんや鍋は酸化して、黒ずんでくることがありますが、専用クリーナーがなくても手入れができます。ケチャップをうすく塗って、5分ほど置いたあと、柔らかいキッチンペーパーなどで擦り取るように拭くと、かなり改善します。最後によく水洗いをし、布巾で水気を拭い乾燥させます。しょう油や、酢に食塩をまぜたものでも同様の効果がありますが、粘性のあるケチャップのほうが、鍋の側面などにも塗りやすいのでおすすめです。
（東京都・野田玲子）

スカートのときに

スカートをすてきにはきこなしている友人に、エレガントな歩き方を教えてもらいました。一歩踏み出すたびに、両膝の内側が軽くこすれるように歩くと、品良く歩けるそうです。
（鹿児島県・田村　京）

香りつきハンドクリーム

ゆっくりできる昼下がり、香りの良いハンドクリームを手にすり込み、ソファに横になって読書をします。ページを繰るたびに香りが立ちのぼり、リラックスできます。落ち込んだときにもおすすめ。

（北海道・浅井紀子）

フタ付きのお菓子入れ

かつては食卓によくあった、フタ付きのお菓子入れを、祖母の遺品として譲り受けました。娘たちが保育園から帰るまでに、この入れ物にクッキーやラムネなど、その日のおやつを入れておきます。フタを開ける楽しみがあるおかげか、少しのおやつでも満足してくれるので、夕飯までに食べ過ぎる心配がありません。

（福井県・中川万有見）

靴下のしまい方

靴下は、片方だけ行方不明になることが多いもの。バラバラにならないよう、片方の靴下の中に、もう片方の靴下を入れ、二つに折って引き出しにしまっています。

（新潟県・青木寛子）

ハッカ油を使って

薬局などで売っているハッカ油の小びん。掃除機の紙パックや、雑巾がけの水に垂らすと、さわやかな香りに包まれて掃除できます。トイレや玄関など、においが気になる場所にも数滴垂らしたり、染み込ませた布を置いたりしています。自然な香りで、邪魔になりません。

（奈良県・奥野香織）

カシューナッツを砕いて

子どもといっしょに食べられて、大人も満足できる、辛くないカレーを作るために試行錯誤し、砕いたカシューナッツを加えてみることに。短い煮込み時間でもコクとトロミが加わり、辛味がなくてもおいしいカレーになりました。スープに加えても良さそうです。

（埼玉県・木野敦子）

じゃがいものゆで汁

コロッケやポテトサラダを作ったら、じゃがいものうま味が溶け込んだゆで汁を、おみそ汁やスープに使います。特におすすめのメニューは、わかめとねぎのみそ汁、コーンスープ、ミネストローネです。

（東京都・寺田明子）

きれいなコンロを保つ

料理を作り終えたら、フキンに水をたっぷりと含ませ、コンロの上でしぼって水をかけ、そのフキンで隅々まで拭き上げます。コンロが熱いうちに水をかけるのがポイントですが、火傷しないように注意しましょう。

（三重県・横井和美）

5年分の天気

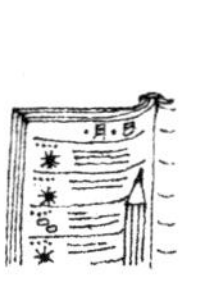

5年分の同じ月日が一覧できる日記を付けています。必ず書くのは、その日の天気と、最低・最高気温。続けるうちに一定の法則が見てとれ、天候不順の年も、農作業や衣替え、保存食作りのめやすとなっています。

（兵庫県・穴田敏子）

野菜の再生栽培

にんじんや大根のヘタを切るとき、身の部分を2cmほど残して切り、水をはった器につけます。毎日水を替えるうちに葉が育ち、その生命力に気持ちが和みます。ねぎの根元も、5cmほど残して切れば同様に栽培できます。ある程度大きくなったら収穫し、味噌汁などの具にします。

（富山県・宮田真理）

枕にタオル

地震や火災のときに役に立つのがタオルと聞き、枕カバーの代わりにタオルを使っています。眠っているときになにかあったら、さっと首にかけられます。交換や洗濯が簡単なのも気に入っています。

（大阪府・尾杉富美子）

竹ザルの水きりカゴ

園芸用の鉢台に竹ザルを乗せたものを、食器の水きりカゴとして使っています。洗いものが多いときは、大きな竹ザルに替えることもできますし、ザルごと丸洗いするのも簡単。食器を片づけたらS字フックに引っかけ、乾かしています。

（三重県・鈴木郁子）

昆布を落としブタに

ダシをとった昆布は冷凍し、煮ものを作るときに落としブタとして使います。ダシを使わずとも味わいが深くなり、昆布自体にも味がしみて、おいしくいただけます。

（東京都・小野瀬ユミ子）

子どものアルバム

子どものアルバムは、1年で1冊と決めています。写真と一緒に、「離乳食スタート」など成長に関することや、子どものおもしろいやり取りも記しておきます。また「オリンピック開幕」など、大きなニュースも書いておくと、見返したときに記憶が鮮明に蘇り、楽しい時間が過ごせます。

（富山県・米島綾香）

洗濯ネットで

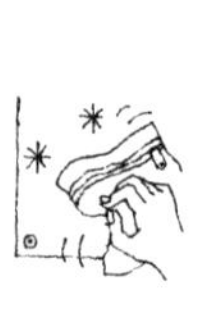

洗濯のあと、使い終えた洗濯ネットで洗面台の鏡を拭きます。適度な湿り気と、ネットの凹凸が汚れをからめ取ってくれます。掃除後のネットはよく水洗いして乾かし、また次の洗濯に使います。

（大阪府・渡邉 薫）

使いかけの食品を把握

使いかけの乾物、冷凍食品、おやつなどの口を閉じるピンチ（洗濯バサミ）を、広口のビンに決まった数入れています。ビンの中のピンチの数から、使いかけの食品がどれくらいあるか把握でき、買物のときの節約にもつながります。

（愛知県・宮形由紀）

柚子胡椒おにぎり

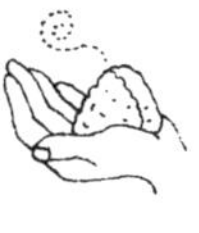

柚子やすだちの果汁で、柚子胡椒をゆるめに溶き、それを手につけておにぎりを握ります。ひと口食べれば柚子の香りがふわりと広がる、変わりおにぎりの出来上がり。柚子胡椒に含まれる青唐辛子には防腐作用があるので、お弁当にも安心です。

（東京都・山永千乃）

おでかけにブローチを

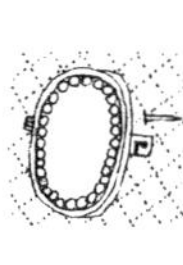

でかけるときは、小さなブローチを持ち歩いています。万が一、外出先でブラウスやコートのボタンが取れてしまったとき、仮留めとして役立ちます。ハプニングを、楽しく可愛く乗り切ることができます。

（奈良県・渡辺春乃）

まずは湯を沸かす

帰宅が遅れ、焦って夕食作りに取りかかるとき、まずは大鍋に水を入れて火にかけます。湯が沸くまでの間に冷蔵庫の食材を眺めると、メニューが思い浮かぶもの。そして、湯がたっぷりあると、野菜や麺をゆでたり、汁ものに使ったり、スムーズに調理することができます。

（広島県・中尾直子）

味つけのアクセントに

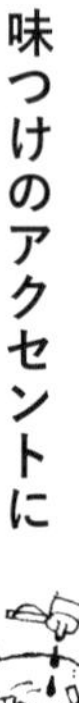

使いかけのタレやドレッシングは、保存がきくからとつい冷蔵庫に入れっぱなしにしがち。私は賞味期限が切れる前に、炒めものなどの味つけに使っています。味のアクセントになって、おいしくいただけます。

（岡山県・立花真知子）

忘れ物をなくすために

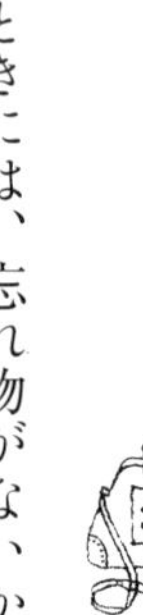

旅行に出るときには、忘れ物がないか気になるものです。持ち物の一覧を紙に書いて保存し、準備をするときには毎回そのリストを見るようにしています。最後に入れるものは、「化粧品、携帯電話」などとメモに書いてカバンに貼っておくと、入れ忘れが防げます。

（青森県・高田良子）

スプレッドの容器に

トーストに塗るバターやジャムなどを、瓶のままテーブルにのせるのをためらうことはありませんか。私は、使う分をおてしょやお猪口に移して並べています。見た目もよいですし、保存瓶を清潔に保つこともできます。

（茨城県・田﨑法子）

お気に入りの香りを

画用紙のような、液体を吸い取りやすくて丈夫な紙を小さく切り、お気に入りのアロマオイルや香水を数滴垂らします。その紙をポーチや財布に入れておくと、開けるたびにいい香りがして気持ちのよいものです。

（福岡県・白崎佳奈）

便利な庫内地図

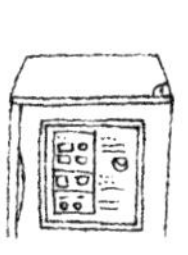

冷蔵庫のドアにホワイトボードを貼りつけて、どの場所に何を保存しているか、図で示すことにしました。作り置きや残り物の在庫がひと目でわかり、家族とも共有できるようになりました。

（神奈川県・松岡由佳）

お菓子のご挨拶

知人のお宅に初めてご挨拶に伺うとき、相手の好みがわからない場合は、和菓子と洋菓子を半分ずつ詰め合わせた手土産をお持ちするようにしています。以前自分がいただいたときに、相手からの心遣いを感じてとても嬉しくなり、それから実践しています。

（千葉県・山田優子）

ついでにダイエット

ペットボトルや牛乳パックなどは、少し遠くにあるスーパーの資源回収ボックスまで歩いて持って行きます。こまめに捨てることでキッチンもすっきりしますし、せっせとウォーキングすることで、からだもすっきりしてきます。

（兵庫県・岸　幸栄子）

残った皮で即席漬け

大根の皮を厚めにむいたときに作る即席漬けです。皮を2㎝角に切って塩を振り、しばらく置いてから、洗って水気を軽くしぼります。しょう油と酢を同量で合わせ、ラー油をひとたらし。そこに皮を漬け込んだら、完成です。

（兵庫県・国元綾子）

本の力

心が波立つときは好きな本を朗読してみます。声に出して読んでいるうちに、自然と気持ちが落ち着いてきます。また、自分を元気づけてくれる本は、目につく場所に置くと、背表紙を眺めるだけでも清々しい気持ちになります。

（徳島県・足立生子）

焼きいもおみそ汁

焼きいもが余ったときにふと思いつき、ひと口大にちぎって、せん切り大根と一緒におみそ汁の具にしてみました。白みそがよく合い、仕上げにおろししょうがを加えると、身体がぽかぽかと温まります。寒い時季の定番になりそうです。

（愛知県・杉山幸恵）

時間を決めて庭仕事

毎朝、15分だけ庭の手入れをしています。欠かさず続けていると、目に見えて庭がすっきりしてきます。必需品は、小さなトレーにのせたスマートフォンとタイマー。スマートフォンでラジオを聞きながら手を動かし、セットしたタイマーがピピピと鳴ったら終了です。

（長崎県・山下活子）

ぬれない工夫

ぬれた折り畳み傘をカバンの中にしまうとき、専用のカバーだけだと水がしみてしまいます。そこで、大きめのチャック付きのビニール袋もセットで持ち歩き、その中に傘を入れてからしまうようにしています。

（東京都・千田光江）

糸を通しておく

老眼が進んで、近くのものが見えにくくなってきました。私は裁縫を終えたら、よく使う白と黒の糸をそれぞれ針穴に通しておきます。急いでボタンを付けたいときにも、焦らずにすぐ使えます。

（東京都・渋谷千枝）

友人からのハガキ

「いま、何か楽しいことをやっていますか？」友人から届いたハガキの書き出しに、はっとしました。日々の暮らしを振り返り、小さな楽しみを工夫して取り入れていこうと胸に刻みました。誰かに便りを書くときは、私もそんな言葉を添えたいと思います。

（千葉県・山田優子）

綿棒の再利用

窓のサッシやレールの掃除には綿棒が重宝しますが、汚れたらハサミで軸を斜めに切り、再利用しています。角度がついているので、爪楊枝などより、細かい部分の掃除が楽にできます。

（埼玉県・山本佐枝）

春の章

輪ゴムで・1

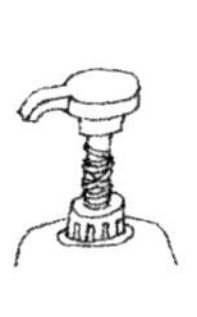

ボトルタイプのシャンプーやボディーソープは、ピストンの部分にあらかじめ輪ゴムを何重にも巻きつけておきます。中身の出しすぎが防げますし、適量を出すことができます。

（東京都・嘉瀬かほる）

輪ゴムで・2

ぬれ布巾を使ってもビンのフタがあかないときは、フタに輪ゴムをかけてあけます。輪ゴムがすべり止めになって、簡単にあけられます。

（東京都・佳山徳子）

亀の子たわし

まな板を洗う時「亀の子たわし」を使っています。まな板用の毛の短いたわしがあります。今まで漂白剤を使っていましたが、亀の子たわしの方がすみずみまできちんと洗えます。しかも、さっと洗うだけで、洗剤も要りませんから、環境に優しく、材質もいためず道具も長持ちします。昔ながらの道具を見直したいものです。

（愛知県・福家明子）

カレンダーで

上質の紙に美しい風景や動物、植物がプリントされたカレンダーは、役目を終えても捨てるにしのびないものです。そこで、ブックカバーにしてみたところ、頑丈で傷みにくく本も汚れません。また、裏表にして封筒を作ると、開封した時にちょっとした驚きもあります。

（山梨県・岡村愛子）

甘酒シャーベット

甘酒が残っていたら、同量の牛乳を加えてよく混ぜ、フリーザーで凍らせてシャーベットにします。甘くてコクのあるシャーベットは、わざわざ甘酒を買って作りたいくらいの美味しさです。

（東京都・堀田華子）

便利な発泡スチロール箱

お歳暮などが送られてきた発泡スチロールの箱は、保温性がよく重宝します。カレーを作った鍋ごと入れておくと、味がしみて美味しくなります。氷に塩をまぜたものをビニール袋に入れておくと、冷えた状態が長く続くので、ちょっとした保冷庫がわりにも。

（福島県・滝口久子）

ドライマンゴーで

そのまま食べても美味しくいただけますが、プレーンヨーグルトに入れて一晩寝かせると、とろりと柔らかくなって、別の美味しさが楽しめます。蜂蜜を加えれば、立派なデザートになります。

（東京都・寺田明子）

単行本を

単行本をバッグに入れて持ち歩くとき、裸のままだと、角が折れたり、折角の表紙が傷ついてしまったりします。冷凍保存用のジッパー付バッグに入れて持ち歩くと、バッグの中がごちゃごちゃになっても心配いりませんし、こうすることで、大切な本を外出先で読むことができます。

（神奈川県・松山信也）

マヨネーズの工夫

マヨネーズを作るときに、酢とレモンを控えめにしてヨーグルトを入れると、とてもまろやかに仕上がります。ここに、小ネギ、わさびを混ぜ入れ、和風タルタルソースにすると、鮪の刺身や、魚やカキのフライによく合います。

（埼玉県・加東　恵）

サツマイモの天ぷら

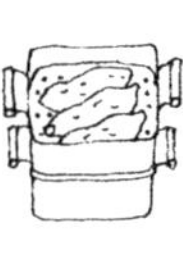

サツマイモを天ぷらにするとき、厚切りにして揚げると外は真っ黒、中は生ということがあるので、一度蒸してから揚げています。薄く切って揚げるのとは違い、栗のようにホクホクして美味しいです。

（愛知県・大久保広子）

すべり止めつきの軍手

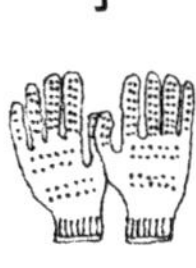

すべり止めのついた軍手は、握力が落ちて潤いのない手の味方です。瓶のふたや静電気でまとわりつくプラスティック袋を開けるとき、床の上のほこりを拾うとき、ドアのノブを回すときなどに大活躍します。

（山口県・眞鍋千嘉子）

おやつ用こんぶ

海藻類は体に良いと知りながらも、毎日摂取するのは案外難しいものです。そこでわたしは、おやつやおつまみ用のこんぶを活用しています。火を通すとあっという間に柔らかくなります。ご飯を炊くときや、味噌汁、煮物をつくるときにパラパラと入れると食べやすく、無理せず取り入れられます。

（東京都・星屋真理子）

スクラップブックセラピー

気持に張りが持てないとき、スクラップブックを取り出して、いくつもの小さな記事を読み返してみました。当時の自分がどんな出来事に興味を持ち、共感していたのかを懐かしさとともに思い出し、元気が出ました。

（山梨県・岡村愛子）

針山の定位置

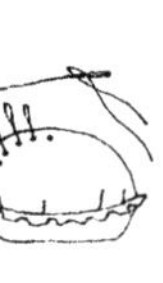

ぬい針をなくして放っておくと、うっかり刺さってしまって危険です。そこで、針山のぬい針を刺す場所に印をつけておきます。そうすると針をなくした時、すぐに気付きケガが防げます。

（新潟県・山崎文枝）

サワードリンク

同量の重さの酢、氷砂糖、一口大に切った果物を容器に入れ、よくかきまぜると、一週間後に酸味の効いたおいしいジュースが出来上がります。果物は徐々に取り出します。好みに合わせて薄め、ホットでもアイスでも。中でも、パイナップルがおすすめです。

（富山県・林 博子）

ボイスレコーダー

俳句や川柳を詠むので、思いついたときに手帳に書き込みますが、悪筆なので自分でもわからないことがあります。そこでボイスレコーダーを持ち歩き、思いついたときに吹き込んでいます。後で聞くと結構楽しくて、一人で思い出し笑いをしてしまいます。

（兵庫県・村上文子）

スパイス入れに

台所でふきんや雑巾などちょっとした物を洗うとき用に、粉せっけんをスパイス入れに入れておくと便利です。好きな形の物だと、台所も楽しく見えます。

（香川県・川田直子）

アロママスク

花粉症でマスクをする時に、マスクにペパーミントのアロマオイル（またはハッカ油）を1滴たらすと、スーッとして鼻通りがよくなります。ただし、オイルが肌に直接触れないように、また、オイルをたらしすぎないように、ご注意を。

（東京都・田中愛子）

納豆にオリーブオイル

納豆が苦手でしたが、塩、黒コショウ、オリーブオイル、レモンの絞り汁をかけると、においがあまり気にならず、食べられるようになりました。ツナと水菜やクレソンを混ぜると、ボリュームがでて、より美味しくなります。

（埼玉県・宝谷多摩絵）

ミニトマトのデザート

酸っぱすぎるミニトマトは、熱湯の中に入れてから冷水にとって皮を剝き、ヘタをとり、保存容器に並べます。そこに好みの量の砂糖をかけ、冷蔵庫で一晩寝かせると、翌日、ブドウのような美味しいデザートが出来上がります。

（埼玉県・渡辺貴子）

米粉で

うるち米ともち米を粉にしたものを知人からいただきました。小麦粉の代わりにお好み焼きを作ったら、もちもちしてとても美味しくできました。また、水とごま油少々を入れて伸ばした生地でクレープを焼き、あんこやメープルシロップをつけても美味しいです。（新潟県・寺本美恵子）

簡単シュウマイ

シュウマイの皮を5㎜幅に切り、この上で丸めた具を転がすと、おもしろいように皮がつきます。こうすると、皮で包むよりも簡単にシュウマイを作ることができます。お子さんと一緒に、楽しみながら作ってみてください。

（北海道・浅井紀子）

イチゴのサラダ

イチゴを、リンゴ、パイナップル、きゅうり、トマト、レタスなどと混ぜ合わせ、パセリやケール、ハーブをトッピングして、お気に入りのドレッシングでサラダにしました。他のフルーツの酸味やさわやかさで野菜となじみ、甘味が少ないイチゴでもどんどん食べられます。

（滋賀県・平山れい子）

フキの緑をきれいに

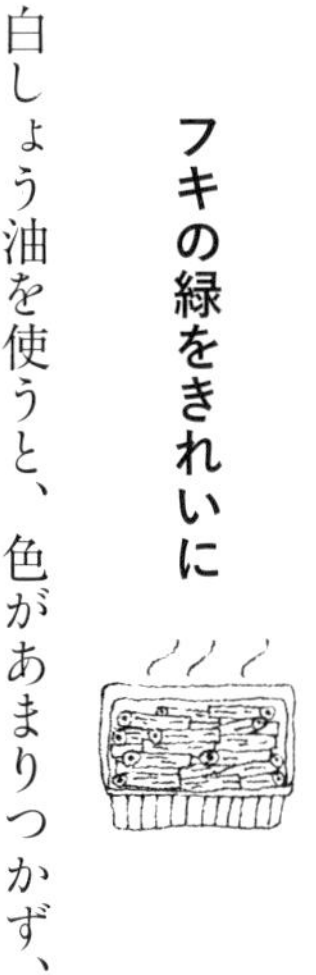

白しょう油を使うと、色があまりつかず、きれいな緑色のフキの煮物を作ることができます。塩を振って板ずりしてフキを茹で、皮をむいて、好みの長さに切ります。ナベにだし、白しょう油、日本酒（またはみりん）を好みの量入れ、ひと煮立ちさせます。保存容器にフキを入れ、

ナベの汁を熱いうちにひたひたになるまで注ぎ、しばらく置きます。朝作ると、夕方には程よく味がしみこみます。細かくきざんで、炊き上がったご飯に混ぜてもきれいです。

（静岡県・礒部節子）

ホットケーキ

ホットケーキをふんわり焼くコツは、先に玉子と牛乳をよく混ぜてから粉を入れることです。材料が混ざりやすくなり、粘りも出にくくなります。また、マヨネーズやサラダ油を少々加えて混ぜて焼くと、しっとりして冷めても美味しいです。牛乳の代わりに野菜ジュースを使うと、色鮮やかになります。

（京都府・中出あゆみ）

コードの収納

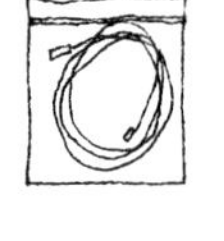

パソコンやデジカメなどの付属コードを、ひとつずつチャック付きの透明ポリ袋に入れて収納しています。こうすれば、ひと目で何が入っているかわかり互いにからまることもなく、ほこりもつかず、収納しやすいので便利です。

（埼玉県・森下翔子）

器に浮かべる花

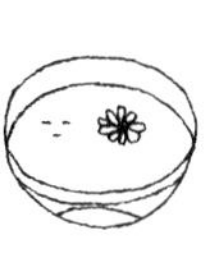

花の茎を短く切り、水を張った器に浮かべます。水の動きでゆらゆらと揺れる、すてきなアレンジメントになります。タンポポのような小さくて平たい花がおすすめです。真っ白いお皿や透明のボウルなどに入れると映えます。

（富山県・長岡靖代）

カレー雑炊

少しだけカレーが余ったら、カレー雑炊を作ります。だし汁でカレーをのばし、そこにお好みの肉と野菜、ご飯、斜めに切った長ねぎを入れます。そして、肉に火が通ったら玉子でとじます。カレーうどんをヒントに作ってみました。

（東京都・高田陽子）

泣き止まない赤ちゃん

赤ちゃんが泣き止まなくて、おむつも湿っていないし、ミルクも飲まなくて、原因がわからないときがあります。そんな場合は、肌着を触ってみてください。髪の毛がついていることがあります。チクチクして気持ち悪いのですね。

（北海道・鈴木恵子）

しなびたレタスを

しなびたレタスの葉を50℃のお湯に2～3分つけると、シャキッとした食感に復活します。もう捨てようかな、と思ったときに試してみてください。

（埼玉県・佐伯鈴子）

アイビーのラッピング

プレゼント包装の上に、アイビーの先を10㎝ほど切って、テープで留めたものをいただきました。包装からはずして、根が出るまで水につけておき、植木鉢に植え替えたら、見事に根付きました。もう少し伸びたら、このアイビーからも枝先をおすそ分けして、誰かにプレゼントしようと、もくろんでいます。

（東京都・田中万紀子）

折れた口紅は

口紅が根元から折れてしまったら、折れた部分をドライヤーでやわらかくなるまで温め、元の部分と合わせて接着します。その後、冷蔵庫で数時間冷やせば固まります。接着した周辺のはみ出しなどを整えれば、また使うことができます。

（愛知県・坪井由美）

乾燥バジル

生のバジルはフレッシュな香りが魅力ですが、残ってしまった場合はドライハーブにすると長期保存が可能です。天日に干してもいいですし、からからになるまで電子レンジにかけても結構です。乾燥したらポリ袋などに入れて手で砕きます。お料理にはもちろん、ハーブティーにしてもおいしくいただけます。

（神奈川県・海老沢　智）

おからサラダ

おからをフライパンで炒り、ポテトサラダのじゃがいもの様に、マヨネーズで和えておからサラダを作ります。簡単で安くて栄養価も高く、サクサクとしておいしいです。

（三重県・中村礼子）

たらこの皮むき

たらこや明太子のスパゲティを作る時など に、たらこの皮を上手にむいて、中身をきれいに取り出すのは難しいものです。そんな時は、たらこ（明太子）をしっか

り冷凍し、皮にタテに薄く切り込みを入れ、皮だけをゆっくり引っ張るようにします。皮だけがきれいにはがれるので身を無駄にせず、何より調理中にイライラすることもなくなりました。

（大阪府・金田美都子）

くずとりネット

ふと思いついて、洗濯機についている、くずとり用のネットのスペアを買い、洗濯をするごとにネットを交換するようにしてみました。洗濯一回ごとに、ネットにたまったゴミをとれるだけでなく、しっかり乾かすこともできるので、衛生的だし、気持ちよく洗濯ができるようになりました。

（神奈川県・岩島久美子）

プレゼントのリスト

人に贈って喜ばれる「プレゼント・リスト」をいつも書きつけるようにしています。たとえば「いい香りのするハンドクリーム」や「お麩を使った手づくりのラスク」「文香（ふみこう）」など。雑誌で見かけた良さそうなものはもちろんですが、人から頂いたもの、食べておいしかったもの、実際に差し上げて喜ばれたものも書きつけてあります。品物や店名、お店の連絡先などと一緒に、「男性にも好評」

「ちょっとしたお返しに」など、贈る際のポイントもメモしておくと、大層重宝します。

（東京都・一原美子）

色別のクローゼット

朝の身支度は、時間がなくてばたばたとしてしまいがちです。なんとかして、てきぱきと身支度ができないものかと思案して、クローゼットの中を大改革。クローゼット内のすべての洋服を色別に整理しなおしました。忙しい朝でも色がぱっと目につくので、コーディネイトを考える時間がずいぶん短縮できるようになりました。

（東京都・菊川真澄）

チョコっとビン

いろいろな種類の板チョコを、気軽にパクッと食べるための一工夫です。2種類以上の板チョコを同時に食べたい時は、たくさんの包み紙をはがさなくてはならないので、テーブルの上が散らかるだけでなく、手間もかかり、面倒です。板チョコを買ってきたら包み紙をはがし、一口大に分けたら、お気に入りの蓋つきビンに入れます。ミルクにビター、ホワイト、ストロベリーとたくさんの味をひとつのビンに入れておけば、その日の気分で、好みの味を選んでおいしくいただけます。

（宮城県・沓澤敬子）

携帯カメラで保存

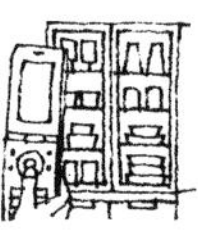

リフォームや引っ越しで、戸棚にしまってある食器や調理器具などを移動させる際、段ボールなどにしまって、荷物をといたら、同じように並べられなかったり、入りきらなかったりして困ったという経験はありませんか？　そんな時は、荷造り前に携帯のカメラで撮影しておくと便利です。ひとつの戸棚でも、遠めから撮ったり、アップで撮ったり、角度を変えて何枚か撮影しておくと並べる時にスムーズです。携帯電話なら、引っ越しで慌ただしい時でも必ず手元にあるし、エプロンのポケットなどに入れておけるので、邪魔になりません。

（兵庫県・難波としこ）

ホコリよけに

扉がついていないタイプの本棚を使っていると、本の上部にホコリがたまります。ビニール製のテーブルクロスを棚に並んだ本の上全体をおおう大きさに切って、本の上においてみてください。ホコリよけになりますし、ビニール製なら、布でさっと拭けばホコリがとれるので重宝しています。

（三重県・若林眞知子）

キラキラさせて

よく使うカギをつけているキーホルダーが、かばんの中でなかなか見つからず、玄関で困ることがあります。そんなときには、ホームセンターなどで市販されているホログラムテープを、キーホルダーにつけてみましょう。キラキラして目立つので、見つけやすくなります。

（佐賀県・樋口増美）

ぎざぎざで簡単に

しょうがの皮をうすく剝きたいとき、庖丁を使うと上手にできません。イチゴやグレープフルーツを食べるときに使う、先がぎざぎざになったスプーンを使うとうまく剝けます。しょうがのくぼんだ部分も、細かいギザギザの部分をこすりつけるようにすれば、きれいにできます。

（神奈川県・西山才見）

生クリームは

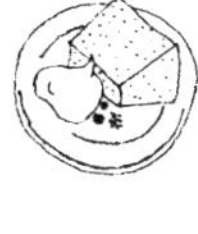

少量の生クリームを、簡単に泡立てる方法があります。フタのついた密閉容器の$1/3$ほどを目安に、生クリームを入れ、グラニュー糖を加えます。このとき、生クリームを入れ過ぎるとうまく泡立たな

いので、注意しましょう。しっかりフタをしめ、3~4分、密閉容器をふれば、ホイップクリームのできあがり。大量のホイップクリームが必要な場合は不向きですが、手作りのシフォンケーキやガトーショコラ、フルーツなどに生クリームを添えたいときは便利です。

（神奈川県・相良みゆき）

ポケットをつけて

振込用紙や観劇のチケットなど、日付の指定や締め切りがある、ちょっとした書類を保管しておくいい方法がないかと思案していて、思いついたアイデアです。

かわいらしい柄や、好きな色の紙を二つに折って、両脇を糊づけし、ポケット状にしたものを、カレンダーの最終ページや台紙の部分に貼りつけます。予定を書き込んだカレンダーのポケットに入れれば、払い忘れもなくなり、観劇前日になってチケットをあちこち探すこともなくなります。

（静岡県・萩原くみ子）

固いネジには

ハウスクリーニングの仕事をしていたときに習った方法です。レンジフードを掃除するときには、外すことのできるネジは全て外して洗うのがいいのですが、何

年も放っておかれたものは、固くて回らなくなっていることがあります。原因は油が固まっていることがほとんどなので、ヘアドライヤーで温めれば、すんなりと外すことができます。

（東京都・鈴木理恵）

雑巾に番号を

雑巾は畳んで使うことが多いのですが、どの面で拭いたのか分からなくなりがちです。畳み方に合わせて、1、2、3……と番号を雑巾の面に油性ペンで書きましょう。1から順番に拭いていくと、迷うこともなく、掃除が楽しくなります。

（千葉県・神田優子）

靴下にひと工夫

同じ靴下を何組か買うと、洗濯した時に組み合わせが分からなくなることがあります。そんな時のために、靴下の履き口の部分に刺繍糸で玉結びの目印をつけるようにしています。ちょっとしたワンポイントにもなります。

（兵庫県・鷺野文子）

玉子パックで家庭菜園

タネをまく時、プランターの代わりに、玉子の空きパックを使います。直接土を入れて、タネをまきます。芽が出てきた時の植え替えは、いらなくなったスプーンですくい上げるようにすると簡単です。気温が低い時は、フタを閉めてミニ温室としても使えます。

（宮崎県・金子さゆり）

掃除でリフレッシュ

掃除で雑巾を使う時は、バケツにためた水にアロマオイルを数滴落として、その水で雑巾をすすぎます。部屋の空気もスッキリとするので、リフレッシュできます。私が使っている「ティーツリー」という種類のアロマは、殺菌・抗菌効果もあると言われているのでおすすめです。

（三重県・渡辺みほ）

カーペットの掃除

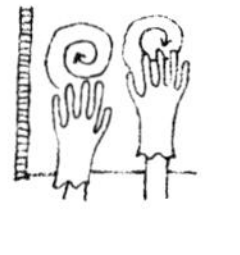

掃除機を使ってカーペットの掃除をすると、表面はきれいになりますが、奥まで入ってしまったほこりや髪の毛まではなかなか取れません。そこで、掃除機をかける前に、ゴム手袋をして円をかくようにカーペットをなでると、根元のゴミを簡単に集めることができ、掃除の効率をアップさせることができます。

（北海道・篠原真紀子）

豆乳フレンチトースト

牛乳の代わりに、豆乳でフレンチトーストを作ると、さっぱりとした味わいになります。その時に少し味噌を加えると、風味が増して、また違った味わいが楽しめます。

（東京都・菊川真澄）

トゲが刺さったら

トゲが刺さってしまった時に、患部にはちみつを塗ってしばらく置いておくと、トゲが浮いてきて抜けやすくなります。

（兵庫県・難波としこ）

絡まったネックレス

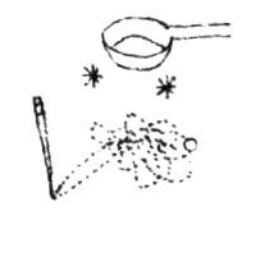

団子状に絡まってしまったネックレスは、小麦粉をふりかけるとチェーン同士の摩擦がおさえられ、簡単に解くことができます。爪楊枝や針を使って結び目になっている部分を引っ張ると、より緩みやすくなります。最後に軽く水洗いするのも忘れずに。

（長野県・鈴原さち子）

子持ちししゃもに

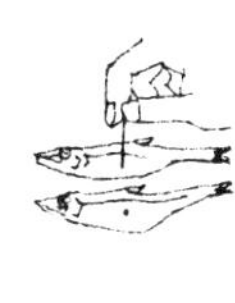

子持ちししゃもを焼く時は、焼き時間が長いと、卵がはじけてしまい、形が崩れ

てしまうことがあります。竹串などで事前にししゃものお腹の辺りに数カ所穴を開けておくと、膨張した空気が出やすく、きれいに焼くことができます。

（神奈川県・西巻沙織）

革にはベビーオイルを

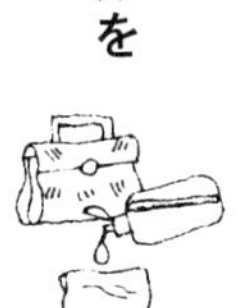

革製品のお手入れにはベビーオイルを使います。直接つけてしまうとシミになるので、いらなくなった布につけて使います。乾燥を防いでくれますし、ツヤ出しにもぴったりです。

（東京都・鈴木理恵）

わさびの辛味

わさびの辛味は、細胞がこわされることで発生します。ですから、わさびは、目の細かいおろし器でおろすのがおすすめです。さらに、おろした後に庖丁でたたくと、辛味がより強まり、香りも引き立ちます。

（長崎県・近藤圭子）

障子の黄ばみに

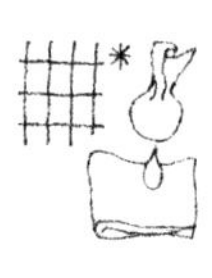

障子の黄ばみが気になる時は、大根おろしのしぼり汁が有効です。大根の皮をむき、大根おろしを作ります。油こし紙な

どでしっかりと大根の汁をしぼりとり、布、または、キッチンペーパーに含ませて、なでるように軽く拭きます。ハケや筆を使って塗るようにしてもかまいません。みちがえるように白くなります。

（愛媛県・高橋美佐）

本のしおり代わりに

いただいた絵はがきがとても素敵だったので、本のしおりとして使っています。ふつうのしおりよりも大きいので、本が開きやすくなり、うっかりしおりをなくすこともなくなりました。また、名刺サイズのショップカードなどで裏が白いものは、持ち歩いて、付箋やメモ代わりに使っています。

（神奈川県・石黒智子）

計量スプーンなど

調理中、たびたび計量スプーンなどを洗う必要がないように、水を入れたコップを近くに置いて、使うたびにそこに入れるようにしています。使う時は軽く拭き、水が汚れてきたら水を替えます。

（東京都・鈴木美耶子）

リストで管理

庭で育てている花の一覧表を作りました。肥料の種類や、花が咲く時期など、さまざまなことを書き込んでいるので、気になることがあっても、いちいち、花の本を探さずにすむようになりました。

（佐賀県・樋口増美）

ガラスコップの活用

大ぶりのガラスコップにいろいろな種類の食材を重ねて入れると華やかです。納豆、とろろ、オクラを入れておつまみにしたり、シリアル、ヨーグルト、刻んだフルーツで朝食にしたりと、活用しています。

（東京都・菊川真澄）

自家製化学ぞうきん

乾いたぞうきんにベビーオイルを等間隔に数滴含ませて、しっかりともみこみ、1日日光に当てると、化学ぞうきんが完成します。拭き掃除に使うと、ほこりや油汚れが簡単に取れ、ツヤ出し効果もあるので重宝します。

（静岡県・濱田いく子）

美味しい保冷剤

自宅に遊びにきた友人に、帰りのお土産として冷蔵の食品を渡す時に、凍らせた小さめの紙パックのジュースを、保冷剤代わりに一緒に入れています。ジュースを溶かして、飲んでいただけるので、とても好評です。

（京都府・池内あゆみ）

衣類のにおいに

洗濯できない衣類ににおいがついてしまった時は、アイロンでスチームをあてたり、ハンガーにかけてお風呂場に吊るすと、蒸気や湯気がにおいを飛ばしてくれます。その後は陰干しをして乾かします。シワも伸ばせて一石二鳥です。

（岐阜県・深川奈津子）

ゴム吸盤は熱湯で

歯ブラシやスポンジのスタンドなどについているゴムの吸盤は、古くなると劣化して、取れやすくなります。そんなときは、数分間、熱湯につけると吸着力が復活します。つけるとき、吸盤の内側に少しだけ水を塗っておくのも効果的です。

（東京都・後藤香里）

ホーロー容器で調理

カツオや昆布の出汁の保存に、ホーロー容器を重宝して使っています。一回の料理で使い切らなかったぶんは、冷ましたあとに付属のフタをして、冷蔵庫に。数日間もたせたいときには、冷凍します。次に使うとき、鍋に移さず直に火にかけて解凍でき、そのまま調理までできるのもよいところです。

（栃木県・中村 花）

パスタポットの使い道

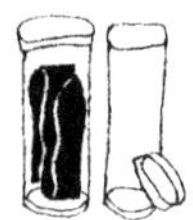

知人からプレゼントしていただいた、かわいいパスタポット。これまで、我が家ではうまく活用できずにいましたが、最近になって利用方法を思いつきました。「昆布入れ」です。長い昆布も、パスタポットならサイズぴったり。しかもしっかり蓋ができるので、湿気からも守ってくれて安心です。

（東京都・古瀬葉子）

おにぎりを美しく

おにぎり用の焼き海苔は、正方形に近い形のものを、対角線で三角形に切ってから使うと便利です。おにぎりを包む時は、まず、逆三角になるように海苔を置き、そこに、頭が上から少し出るようにおに

ぎりをのせ、両左右、次に下の部分という順で巻くと、きれいに仕上がります。ご飯を包み込みやすく、食べこぼしにくい形です。

（新潟県・村山 桂）

春を呼ぶ炒り玉子

菜の花のおひたしには、塩で味つけした細かい炒り玉子を少し添えます。春のイメージがアップするのでおすすめです。

（愛知県・中村京子）

前夜の準備

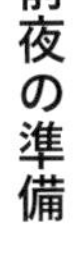

朝の支度にいつも手間取る娘に、寝る前、学校の用具だけでなく、翌日着ていく洋服も、あらかじめ決めて枕元に用意させるようにしました。翌朝、何を着ようかとあれこれ悩まず、ずいぶん余裕を持って家を出られるようになりました。

（千葉県・三浦洋子）

シャワーキャップを活用

旅の宿泊先から持ち帰ったシャワーキャップが家にいくつかあったので、雨

の日に外出する際、自転車のサドルの覆いとして活用してみました。ちょうどよい大きさなので使いやすいです。

（北海道・渡辺加奈子）

洗濯バサミで固定

釘を打つ時、手で釘を持つのでなく、洗濯バサミで釘をはさんで、そのつまみを手で押さえ固定します。金槌で指を傷める心配がなくなります。

（東京都・谷川紀子）

小さなところも忘れずに

部屋の掃除をするとき、必ずドアノブと照明のスイッチもよく拭きます。床掃除などと違ってつい忘れがちな小さなところですが、外から帰ってきて最初に触る場所なので、実は汚れているものです。

（香川県・小泉紹子）

ゆで汁でお皿ピカピカ

スパゲティやうどんをゆでた湯には、天然の界面活性剤が入っているので、捨てずにとっておいて食器洗いに使います。

油汚れもすっきり落とせて、曇りも残りません。仕上げに水道水ですすぐことをお忘れなく。

（千葉県・塚原桂子）

母への贈り物

遠方の母への贈り物は、自分が食べておいしかったお菓子などにしています。ご当地物に限らず、どこのスーパーにでも置いている物を送ると、後日母から「気に入ったから近所で買ったわ」と電話があったりして、距離が縮まるように思います。また、私の子どもの写真も必ず同封します。

（石川県・若山昌巳）

パンくずを庭に

パンを切ったときに出るパンくずは、夜のうちに庭にまいておきます。早朝、どこからかスズメなどの小鳥がやってきます。鳥のさえずりで目覚める朝は、なんとも言えない、おだやかな気持ちになります。

（兵庫県・藤本裕代）

収納ボックスを統一

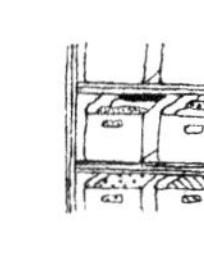

家のあらゆる場所の収納に、扉のないオープン棚と、市販の収納ボックスを組みあわせて使っています。すべての棚で

同じボックスを使っているので、キッチンで食品を入れていた物を、脱衣所に移動してタオルを入れたりと、収納の変化に合わせて使い回せるのが便利です。

（東京都・多田 香）

「ついで」を考える

何かの作業に取り掛かっているときは、いつも「ついでにできることはないかな？」と考えながら、手を動かすようにしています。一度で2つ、3つのことが片付いて、時間短縮になるのはもちろん、頭の運動にもなります。

（大阪府・浦野順子）

万能ねぎの切り方

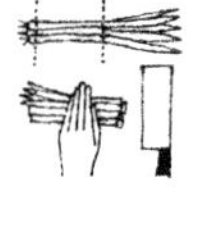

万能ねぎやニラなど、長くて柔らかいものを刻むときは、まず長さを半分に切って、手元にまとめてから切り始めます。一度に刻む量が増えるので、短時間で切ることができます。

（鳥取県・中村清美）

おかずの汁漏れ対策

スープをお弁当にするときは、密閉できる容器に入れますが、汁気が多少あるおかずを持ち運ぶ場合は、普通の保存容器に詰め、容器より少し大きめに切った

ラップを1枚挟んでフタをします。ラップが容器の縁に密着し、汁漏れしづらくなります。

（青森県・橋 静）

ハンカチを三角に

トイレに行く前に、ハンカチを三角に折り、角が外に出るようにして洋服のポケットに入れます。こうしておけば、手を洗い終わったあと、洋服やバッグを濡らすことなくハンカチが取り出せます。

（神奈川県・小平進平）

小さなヘラ

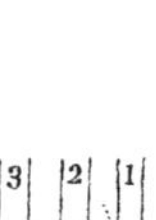

細長い容器に入っている化粧品や食品などは、中身が少なくなると取り出しにくくなります。ストローの先を斜めに切り、先端をまっすぐに切って、指で挟んで平たく潰すと、小さなヘラができます。柄が長いので容器の底まで届き、中身をきれいにすくい取ることができます。

（神奈川県・杉本直美）

油揚げが余ったら

油揚げは2～3枚がひと袋に入って売っ

ていることが多いもの。使いきれずに賞味期限が迫ってきたら、油揚げ1枚の上にしらす、ピザ用チーズを広げ、オリーブ油少々をまわしかけ、トースターでこんがりと焼きます。もみ海苔やねぎをトッピングしてもおいしくいただけます。

（広島県・一井佳子）

本と一緒に

おじは入院するとき、段ボール一杯の本を病室に持ち込みました。お見舞いにきてくれた方々に、好きな本を選んでもらって差し上げたところ、とても喜ばれたそう。ひとり暮らしで、退院後の返礼にまで手を回せないおじが考えた、心ばかりの贈り物です。他の入院患者の方に本を貸し出し、コミュニケーションの一助にもなったようです。

（宮崎県・髙八重まゆみ）

「ガチャガチャ」のおもちゃ

硬貨を入れてダイヤルをひねるとおもちゃが出てくる、いわゆる「ガチャガチャ」。子どもはやりたがりますが、手に入れたおもちゃはすぐに飽きてしまいがちです。わが家ではおもちゃを箱に入れて取っておき、その年のクリスマスツリーに飾ります。一年の流行が分かって、今年ならではの思い出深いツリーになります。

（愛知県・中村京子）

生ゴミ対策

使用済みのジッパー付き保存袋を、捨てるまえにもうひと働きさせています。生ゴミをこの袋に入れ、ジッパーを閉めて捨てると、においや水分がもれません。市販の食品が入っていたジッパー付きの袋も、同じように利用しています。

（東京都・今泉久美）

何時までＯＫ？

複数の友だちと一堂に会すとき、それぞれに、何時まで大丈夫かどうか、あらかじめ都合を聞いておきます。当日、時間になったら「そろそろじゃない？」とこちらから一言。本人は、先に帰ることをなかなか言い出しにくいものですから。

（京都府・日髙規矩恵）

スープにかつおぶし

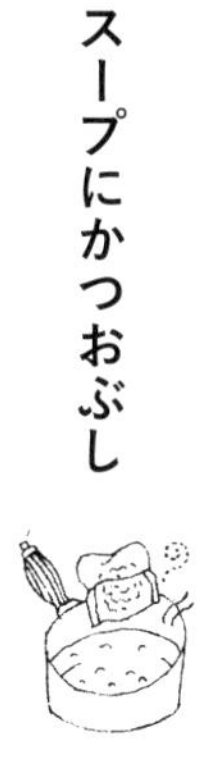

スープを作るとき、かつおぶしを軽くひとつかみ加えると、調味料が少なめでも、

コクが出ておいしくなります。コンソメやトマト味などのスープにも、意外になじみますよ。かつおぶしはダシパックに入れて加えると、簡単に取り出すことができます。

（愛知県・伊東優里）

詰め合わせのお菓子を

お友だちを招いてお茶をするとき、チョコレートやクッキーの詰め合わせを、きれいな包装のまま食卓にのせておきます。席に着いたお友だちから「わあ、きれい！」と声が上がり、嬉しくなります。包みはお友だち自身に解いてもらうと、一層ワクワクするようで、「どれから頂こうかな」と、楽しくティータイムが始まります。

（北海道・浅井紀子）

トイレに小さなほうき

トイレの床は、衣類のホコリや髪の毛、トイレットペーパーのセンイなど、ゴミが溜まりやすいもの。小さなほうきとちりとりを壁にかけておき、トイレに入ったついでに軽く掃くようにしたところ、きれいな床を保てるようになりました。

（京都府・上杉里香）

おもてなしの拭き掃除

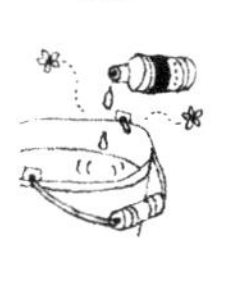

友人が遊びに来るときは、バケツの水にお気に入りのアロマオイルを数滴垂らし、その水を使って拭き掃除をします。「よい香りね」とよろこばれ、心地よい空間でおもてなしができます。

（広島県・浦郷日菜子）

ウエスの作り方

キッチンで油汚れなどを拭き取るために、古布（ウエス）を用意しておくと便利です。いらないタオルやTシャツなどを幅10㎝位に切ってからジャバラに折りたたみ、片手に収まるサイズにします。さらに山になったところにハサミを入れると、布の大きさがそろうので、しまいやすくなります。

（大阪府・口広佳奈）

栞に期日を書いておく

図書館で本を借りたら、付箋に返却期日を書いて、栞として使っています。読むたびに日付が目に入るので、うっかり期日を過ぎてしまったり、ギリギリになって慌てることもなく、読書を楽しめます。

（神奈川県・杉本直美）

新玉ねぎの辛味抜き

新玉ねぎを生で味わうときは、水にさらすと栄養成分が流れ出てしまいます。センイを断つようにスライスしてからバットなどに広げ、10～30分おいておくと、辛味成分が減り、甘味を感じやすくなります。

（青森県・川合春子）

ひと目でわかる整理法

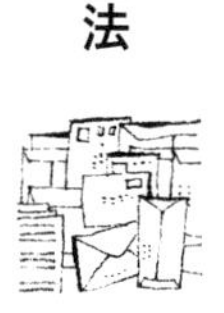

郵便物や書類などは、いつの間にかたくさんたまってしまいがち。保管しておくものと、これから処理する進行中のものが混ざってしまうと、整理するのに一苦労します。そこで私は、「進行中」専用の入れ物を用意しています。大きいとためてしまうので、小さいサイズにすることがポイントです。

（秋田県・吉永記子）

お手軽な保湿パック

かかとがガサガサしていませんか？　保湿性の高いクリームをたっぷりかかとにすり込み、食品用のラップを巻いて、テープで留めます。靴下をはいて、1時間そのままで過ごします。これを数日行えば、かかとがツルツルになりますよ。

（北海道・田崎真子）

野菜くずを利用

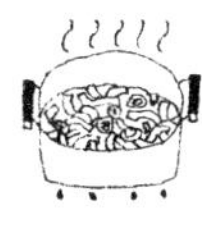

野菜のヘタや皮などは、捨てずにポリ袋に入れて冷凍します。ある程度たまったら、鍋に入れ、酒ひとさじとかぶる位の水を加えて弱火で30分ほど煮込みます。ザルで漉したら、野菜のうま味たっぷりの出汁、ベジブロスが完成です。さまざまな料理に使うことができます。

（鹿児島県・上野美子）

レモンをしぼるコツ

レモンの果汁をしぼるときは、70℃ぐらいのお湯に丸ごと30秒ほどつけます。表皮が柔らかくなってしぼるのが楽になり、果汁がよく取れます。

（東京都・野中由美）

お気に入りの小物入れ

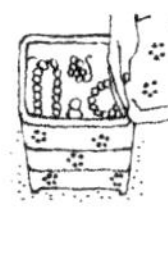

小さめの重箱の出番がめっきり減ったので、アクセサリー入れにしました。一の重には真珠、二の重はトルコ石、三の重はイヤリング。部屋に置いても美しく、場所も取らないので重宝しています。

（神奈川県・山口穂澄）

本棚の整理

天気のいい日に、本の虫干しを兼ねて本棚を整理します。思い切って、棚の上下の本を入れ替えたり、奥と手前で2列に並べている本を逆にしたり。今まで目につかなくて忘れていた本を、また読み返して楽しんでいます。

（広島県・小谷裕子）

鏡を見ながら

固定電話のそばに鏡を置いています。通話中、鏡に映る自分の顔を意識することで、険しくなりがちな表情も自然とにこやかに。外で人と会うときも、笑顔で話す習慣がついた気がします。

（北海道・浅井紀子）

スマホで管理

スマートフォンのスケジュール機能を活用しています。数年後の予定も入れられますから、来年の長期休暇中に行く予定の旅行先や、2年後に受ける検診の項目などが、いつでも確認できます。一度入力すれば安心ですし、先々の楽しい予定は、毎日の暮らしの励みになります。

（東京都・野口妙子）

アルバムの整理

最近、古いアルバムを整理しています。同じ場面の写真からよいものを選び、貼り直して、スリムに見やすく。幼かった子どもたちと自分が一緒に写っている写真を眺めていると、あの頃のことがよみがえってきて、懐かしく、楽しい気持ちになります。

（徳島県・梅田千恵子）

タイツの再利用

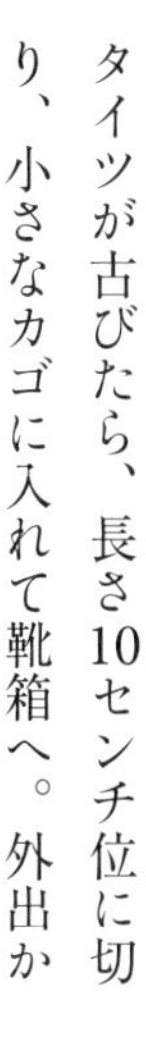

タイツが古びたら、長さ10センチ位に切り、小さなカゴに入れて靴箱へ。外出から帰ったとき、タイツにクリーナーやクリームをつけて、革靴をさっと拭くようにしています。毎日気軽に使えますし、靴をきれいに保てて、長持ちしますよ。

（東京都・山田春奈）

脂身でコクを

鶏肉や豚肉の脂身が苦手なので、下ごしらえのときに取り分けて、冷凍しています。スープや玉子丼を作るときに、少量を加えると、ぐんとコクが出ておいしく仕上がります。食材も無駄になりません。

（秋田県・三浦裕美）

スーパーで発見

引っ越し先では、真っ先に地元のスーパーをチェックします。魚介や野菜は、その土地ならではのものを見つけられたりします。しょう油やソースといった調味料も、今まで見たことがない銘柄を発見でき、楽しいものです。

（鳥取県・島田まき）

ガーゼマスク

乾燥が気になる季節や花粉が飛ぶ時季に、ガーゼのマスクを使うようにしています。4～5枚用意し、使ったら洗ってアイロンをかけます。ゴミにならないので気持ちがいいですし、肌荒れも気にならなくなりました。

（滋賀県・西山史花）

ハチミツを使い切る

大ビンのハチミツが底に残ったら、サイの目に切った大根をビンに入れ、フタをして振り、冷蔵庫へ。一晩ほどで、大根の水分がハチミツに出てきます。このハチミツ水は喉の痛みに効きますし、大根は、カレーに加えるとアクセントになります。

（新潟県・宍戸初枝）

初夏の章

書き写すこと

雑誌や新聞の料理や生活に役立つ記事を、ときどきノートに書き写します。娘たちや友人とその話題でおしゃべりして喜んでもらえた時は、そのメモをプレゼントしています。私自身の脳トレーニングにもなっています。

（徳島県・米田美枝子）

小さな贈り物

相手と季節に合わせて、プチプレゼントを。駅前で買ったミニブーケや、食べきりサイズのプチケーキでもよいのです。一番の贈り物は「あなたのことを大切に思っています」という気持ち。誰でも、忙し過ぎると心のゆとりをなくすもの。そんな時に贈る小さなサプライズは、案外喜ばれるものです。

（千葉県・後藤綾子）

新しい財布の使い方

新しい財布を使う時、札入れ、小銭入れの内側に、大きさに合わせて切った白の薄い紙を入れておくようにしています。お金はけっこう汚れているもの。ときどき紙を取り替えれば、お気に入りの財布をいつまでも気持ちよく使えます。白い紙は、小銭を取り出す時にわかりやすく、

重宝しています。

（愛知県・中川弘美）

こども商品券

デパートやスーパーなどで買える「こども商品券」。全国のデパートやおもちゃの専門店のほか、ベビー用品のお店でも使うことができます。絵柄もかわいらしく、出産祝いとしても実用的で喜ばれます。

（京都府・中出あゆみ）

休日の昼に

出かける予定のない休日は、昼間にのんびりと入浴します。心も身体もゆったりとします。湯上りには、おいしいお茶でリラックスします。

（兵庫県・安藤浄子）

切り干し大根で

切り干し大根を水につけて、短時間で取り出します。細かくきざんで、しょう油、みりんの中につけ込み、カレーの薬味やお茶漬に重宝しています。長時間水にさらさないので、切り干し大根のうま味がにげず、しょう油がしっかりしみ込みます。七味をたっぷり入れて清潔なビンで保存します。

（兵庫県・原 公子）

アロマテラピー

アロマオイルを小さなキャンドルで温め、その香りを楽しみます。試験勉強などで集中している時は、やる気のわいてくる柑橘系の香りを使うと、とてもよい気分転換になります。家事が一段落した時にもおすすめです。

（東京都・横山圭子）

流しにミニバケツを

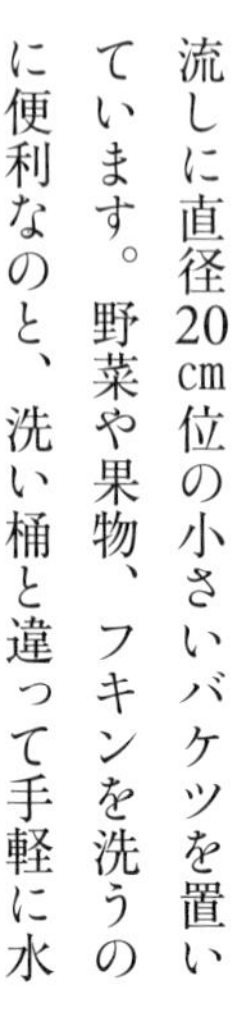

流しに直径20㎝位の小さいバケツを置いています。野菜や果物、フキンを洗うのに便利なのと、洗い桶と違って手軽に水が換えられるので、流しを広く使うことができます。

（香川県・羽生紗和子）

使い始めは……

もったいない、という意識を持つために、台所用手袋や洗剤、シャンプーなどに、使用開始日を書くようにしています。買い替え時の目安にもなります。

（兵庫県・波野とし子）

ティーバッグの封筒

ティーバッグをひとつひとつ包んでいる

小さな袋。中には外国製のかわいいものもあります。そこで、ちょっとしたメモを渡すとき、これを封筒代わりに使ったら好評でした。それもそのはず、紅茶会社ではこの袋のことを「エンベロープ（封筒）」と呼ぶそうです。

（東京都・片山千絵）

煮詰めたカレー

うっかりカレーを煮詰めすぎてしまったら、野菜ジュースを加えて煮るとコクが出て美味しくなります。また、牛乳を加えるとやさしい味に。逆に、もっと水分を飛ばせば、カレーパンやホットサンドの具になります。

（京都府・中出あゆみ）

香る小物入れ

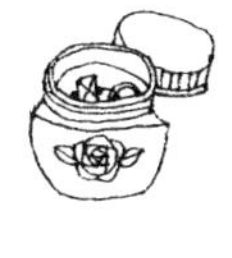

練り香水を使い切りました。容器にミニバラの絵が描かれていてすてきなので、中をきれいに拭いてアクセサリー入れにしています。ほのかに香り、化粧ポーチの中に入れておくと、気分が華やぎます。

（新潟県・江藤実紀）

ミックスマヨネーズ

マヨネーズを使うとき、何かを加えてオ

リジナルマヨネーズを作ってみませんか。例えば、おろし生姜、柚子やレモンやみかんの皮のみじん切り、味噌なども美味しいものです。意外ですが、抹茶をいれるときれいなみどり色になり、目を楽しませてくれます。

（岩手県・坂下公子）

お土産のつめあわせ

旅先で、美味しそうなお菓子をたくさん買って、1種類ずつ袋につめれば、色々な味が楽しめて、見た目もにぎやかなお土産セットができます。自分で包みを開けるので、試食もできるおまけつきです。

（埼玉県・望月紗枝）

部屋を出る前に

自宅や職場で、1階から2階に上がるとき、2階から1階に下りるとき、持って行く物はないかを考えます。なるべく手ぶらで行かないように、部屋の中を見渡すだけで整理整頓になります。部屋から部屋への移動のときも意識しています。

（長崎県・山下活子）

バースデーブック

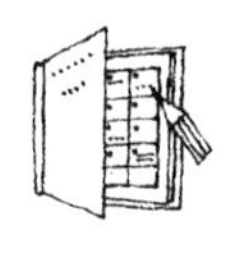

使わなかったスケジュール帳を利用してバースデーブックを作りました。家族や

友人の誕生日の欄に、名前や好きなものを書いてもらえば、毎年使える宝物になります。誕生日を聞いた時に自分で書き込み、贈った物を記録しても便利です。

（長野県・小林真衣）

葬儀用バッグに

葬儀に使うバッグは、香典袋と黒のストッキングを入れてから保管するようにしています。買い置きがなかったり、急なお知らせのときなどあわてずに済みます。余裕があれば、サブバッグとして、黒のナイロンバッグもあわせて用意しておくと万全です。

（群馬県・柄沢裕子）

実のなる木を

家の庭の柿、みかんなど、実のなる木から熟した果実をもいで食べるのは、自家栽培ならではの楽しみです。庭がなくても、キンカン、レモンなどは、少し大きめの植木鉢でも充分に育って、実もなります。

（兵庫県・安藤浄子）

にんにく味噌

常備食として肉味噌を作っていましたが、お肉なしでにんにく味噌を作ってみました。ごま油でにんにくのみじん切りを炒

め、味噌、日本酒、みりんを入れるだけですが、さっぱりして美味しく、重宝しています。しょうがのみじん切りを一緒に入れても、また味が変わります。（三重県・川辺恒子）

巻きおにぎり

大きな海苔の使い道に困るときは、細巻きのような巻きおにぎりを作ります。お皿の上に海苔をおき、ご飯をうすく広げてごま塩を全体にまぶし、梅やかつおぶしを手前におき、くるくると手で巻くと、手も汚れずに簡単です。（北海道・鈴木恵子）

お椀の選び方

両手の親指と人差し指で円を作り、その中に収まるくらいのものが、持ちやすいお椀のサイズなのだそうです。家族の使いやすいお椀選びの目安になります。（神奈川県・佐藤貴子）

ポリ袋を乾かすとき

ポリ袋を洗って乾かすときに、ざっと拭いて水気を取ったら、中にマグネットを入れて、逆さまに冷蔵庫や水きり棚にとめます。マグネットの分、袋がふくらん

で、よく乾きます。マグネットはしっかり洗ってから入れると安心です。（愛媛県・高田洋子）

かぼちゃに梅干し

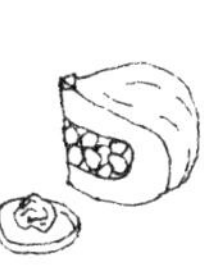

かぼちゃを煮るときは、梅干しをちぎって、種も一緒に加えて煮ると、煮くずれしにくいです。皮が白いかぼちゃを梅干しと出汁で煮ると、きれいな色に煮上がります。（東京都・金子朋美）

子どもの教科書

子どもの不要になった高校の教科書から「現代文」をもらいました。昔を思い出し、新鮮な気持ちです。詩、短歌、評論と読みごたえがあります。（愛知県・中川弘美）

タオルを洗う前に

手を拭くタオルを洗う前に、一働きさせてから洗濯します。キッチンで、冷蔵庫や食器棚の取っ手を、トイレや洗面所では洗面台や蛇口を拭きます。すっきりして、気持ちがいいです。（大阪府・辻林照美）

水につけるアスパラガス

アスパラガスや菜の花は、調理する前に、生花のように、水の中で茎を少し切ってから、水に2～3時間入れておくと新鮮さが戻り、歯ごたえも良くなります。

（東京都・森　ちゆき）

しおりの工夫

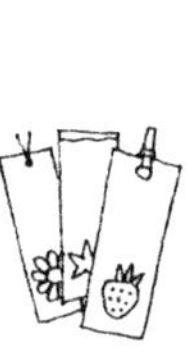

本に挟むしおりが薄くて、本が開きにくいとき、しおりに厚みのあるシールを貼っておくと、開きやすくなっていい具合です。少し薄めのポリ板や厚紙に貼って手作りしてもいいでしょう。

（千葉県・浜野蓉子）

いちごの食べ方

いちごはヘタを取って洗うと水っぽくなるので、手早く洗った後にヘタを取りましょう。また、いちごは先端がいちばん甘いので、ヘタの方から食べて、先端を最後に食べると、最後に甘い味が楽しめます。

（埼玉県・細谷　香）

レモンを搾る前に

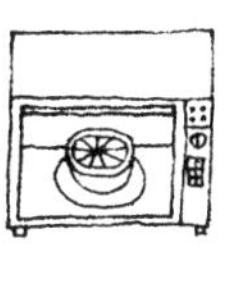

レモンやグレープフルーツなどを半分に切り500Wの電子レンジで20〜40秒ほど加熱してから搾ると、そのまま搾ったときより多く果汁が取れます。果肉がやわらかくなるので搾りやすくなるのです。かぼすやすだちも同様にできます。

（神奈川県・那須倫子）

ファスナーにロウ

ファスナーがスムーズに開くように、「エレメント」と呼ばれるギザギザの部分に、時々ロウを塗りましょう。開閉が悪くなる原因の多くは、エレメントの油分が洗濯によって落ちてしまったからです。油分のかわりにロウを塗れば、よくすべり、気持ちがいいものです。

（愛知県・酒井牧子）

ケーキの型紙

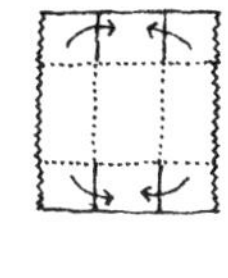

パウンドケーキの型にクッキングシートをきれいに敷きこむ方法です。まず型の内底と同じ大きさの型紙を作ります。側面と底を覆うよりも大きめにクッキングシートを切って、まん中に型紙を置いて四方を折り、折り線4カ所に切り込みを

入れて型に敷きます。シートが重なったところをホチキスでとめれば万全です。
（新潟県・高嶋絵里奈）

担当者の名前

注文や問い合わせを電話でするときは、受け付け担当者に「誠に恐れ入りますが、あなた様のお名前を聞かせて下さい」とお願いしています。後で問い合わせをするときにも便利ですし、相手にも念を押す効果があるようです。こうするようになって一度も間違いがなく、いい気分です。
（新潟県・佐藤妙子）

固い瓶のフタ

インク瓶のフタが固くて開かないときは、瓶とフタの間にお湯をかけると、固まっていたインクが溶けて簡単に開きます。その際、インクが流れてくるので、手を汚さないように気をつけましょう。ジャムやはちみつの瓶も同様に開けられます。
（東京都・岩淵登紀子）

傘の手入れ

まめに傘の手入れをしましょう。使った後はすぐに広げて、風通しのいい日陰で

乾燥させます。生地が汚れてきたら、薄めた中性洗剤ですすぎ洗いをして乾かし、乾いたら防水スプレーをするといいでしょう。開け閉めがスムーズでないようなら、金属同士がこすれる部分にサビ止めを。

（和歌山県・宮崎　瞳）

試着の鏡

試着をして鏡を見るとき、全身のバランスがよく見えるように、鏡から1メートル以上離れて見るようにしています。意外と人に見られている後ろ姿も忘れずに。

（福岡県・森島君江）

ジャケットを椅子に

椅子にジャケットをかけるときは、普通とは逆に、座る側の背もたれにかけるようにします。すると、うっかり椅子によりかかっても、襟の形が崩れません。

（埼玉県・戸塚真理）

額に入れれば

映画館に行ったときに、チラシを貰ってきて、額縁に入れて飾っています。ほとんどのチラシは大きさが一緒なので、チラシの大きさにぴったりの額縁を一つ買

えば、さまざまな映画のチラシを入れ替えることができます。気に入った映画のワンシーンを思い出して、楽しめます。

（兵庫県・山本伶吉）

片手には軍手を

片手に軍手をはめて掃除をすると、雑巾がけの代わりになります。たとえば、リビングに掃除機をかけながら、片手でテレビを、玄関を掃きながら、下駄箱の上を、という具合です。特に、引き出しの取っ手やドアノブ、電気のスイッチなど細かい部分には効果的です。これなら雑巾にもちかえる必要はありません。また、軍手の指先の部分に住居用の洗剤を少しつけて、拭くこともできます。

（東京都・林 のぞみ）

やきいもジャム

やきいもが余ったら、皮をむいてフォークでつぶし、バター、牛乳、お好みで黒糖、はちみつ、メープルシロップなどの甘味を入れて混ぜた後、電子レンジで加熱して、ジャムを作っています。きな粉を加えてもおいしくいただけます。

（兵庫県・蔵保敦子）

リボンで目じるし

園芸用のはさみは、草木の間につい置き忘れて、どこに置いたのか分からなくなってしまうものです。そこで、派手な色の大きなリボンを持ち手に結んでみました。どこかに置き忘れても、大きなリボンが目じるしになって、すぐに見つかり、なくさなくなりました。

（東京都・杉村民子）

ハンカチで包んだら

洋服やエプロンを作った残り布でハンカチを縫っています。布の余り具合によって大きさはバラバラで、大きいものはスカーフやふろしきなどいろいろと使えますが、小さいものは使い道に困るものです。そこで、お土産に買った箱入りのお菓子を、ひとつひとつその小さめのハンカチで包んで、プレゼントにしてみました。小さくて包装しにくい小分けのお菓子がかわいらしく変身します。

（神奈川県・西山才見）

カラフルたまご

ゆでたまごを作るときに、玉ねぎの茶色い皮を一緒に入れてゆでると、カラが黄

色く染まります。子どもが遠足のときなど、カラをむかずにお弁当に入れると、カラフルでとても喜びます。また、ゆでたまごのカラをむいて、温かいうちに、赤い梅酢に入れておくと、ほんのり赤く染まって、色がきれいになるだけでなく、さっぱりとした味になって、とてもおいしいです。

（兵庫県・穴田敏子）

くず取りネット

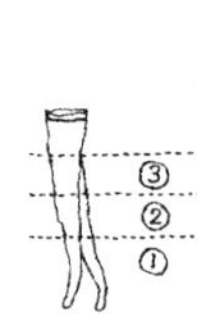

洗濯機についているくず取りネットが破れたら、ストッキングが役に立ちます。くず取りネットの枠をはずし、ネットを取り除いたら、10センチ程度に切ったストッキングをその枠にはめ込んでできあがり。ストッキングを①足先からふくらはぎ、②ふくらはぎから太もも半ば、③太もも半ばから足のつけね、と3つに切って、②と③は切り口の片方を結べば、1足で6つものネットを作ることができます。付属のネットよりも目が細かいので、くずがよく取れます。

（愛知県・橋本優子）

ホコリ防止に

今日は、張り切って掃除をするぞ、と決めたときには、ビニール製のシャワーキャップで髪の毛を覆ってから始めることにしています。掃除をする際に、長い

髪が邪魔にならないだけではなく、ホコリやにおいが髪につくのを防ぐことができます。

（東京都・菊川真澄）

キムチの盛り合わせ

市販の白菜キムチにきゅうりを合わせ、オイキムチ風の一品を作る簡単な方法があります。厚めの斜め切りにしたきゅうりに塩をまぶして1時間ほどおきます。水気をしぼり、白菜キムチの容器に一緒に入れて、キムチの汁につけます。一日もつけておけば、出来上がりです。目先も変わって、白菜だけのキムチより、おいしくいただけます。

（千葉県・川田陽子）

大好きな布を

好きな柄の布を買ったとき、使う前に、スキャンしてパソコンにデータを保存しています。布は使ってしまえばなくなりますが、データをプリントアウトすれば、大好きな柄のペーパーを簡単に、何枚でも作ることができるからです。ブックカバーや、友人にちょっとした贈り物をするときの包み紙などに大活躍してくれます。パソコンを使わない方は、カラーコピーでもよいでしょう。

（大阪府・高田まちこ）

旅行の前に

最近では、旅行の計画を立てるときにも、インターネットを利用することが多くなっていると思います。インターネットを利用するときには、観光協会のサイトを見てみることをおすすめします。訪れる場所にもよりますが、観光協会のサイトでは各種パンフレットが見られたり、実物を送ってくれるところもあります。ガイドブックでは分からない、地元の細かい情報が手に入ります。

（千葉県・澤田三津子）

物干しハンガー

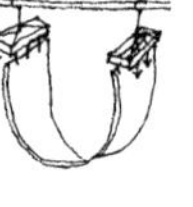

洗濯バサミのたくさんついた物干しハンガーは、洗濯物がたくさんあるときは便利ですが、畳んでおいても場所をとり、邪魔になるので、小さなハンガーに替えました。シーツのような大きな洗濯物でも、ハンガー同士の間隔をあけて複数並べれば、干すことができます。小さいので、使わないときも場所をとらず、扱いやすいです。

（東京都・杉村民子）

千代紙で彩りを

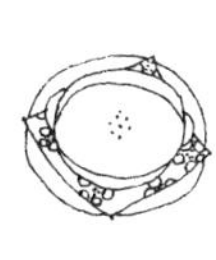

千代紙や折り紙を使って、食卓を華やかにしてみませんか？　紙ナプキンやレースペーパーを食器と一緒に使うのは一般的ですが、千代紙や折り紙も、テーブルにアクセントをつける素敵な小道具になるのです。大きめの食器の上に紙を敷き、小さめのお皿を重ねると、しゃれた組み合わせになります。洋食器と千代紙は意外と相性がいいので、ぜひ試してみてください。

（千葉県・倉持啓子）

ハムの保存法

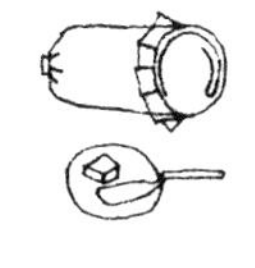

かたまりのハムを切ってから保存する時は、切り口が乾いて固くなってしまうことがあります。切り口に、まんべんなくバターを塗ってからラップをすると、バターの油分が乾燥を防いでくれます。

（東京都・牧崎真琴）

ペットボトルに

砂糖をシュガーポットに移す時に、いつも周りにこぼれてしまって、掃除の手間が増えていました。初めに砂糖をペット

ボトルに入れておくと、素早くきれいに、ポットに補充することができます。ペットボトルに移す時には、紙を丸めてじょうご代わりにしたものを使います。

（長野県・益子 瞳）

衣類の収納

たんすに衣類を収納する時は、どうしてもよく使うものを手の届きやすいところにしまいがちです。しかし、湿った空気は下に沈むため、上質な衣類を上段に、よく使うものを下段に入れると、大切な衣類にカビが生えにくくなりました。

（三重県・加藤絵美）

手の脂汚れ

ハンバーグを作った後など、脂で汚れた手を洗うのはひと苦労です。小サジ1杯ほどの砂糖を手ですり合わせ、水で流し、それから石鹸で洗うようにすると、きれいに落とすことができます。

（宮城県・松本博美）

干した布団を裏返す

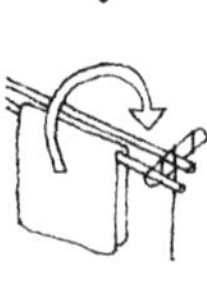

干した布団を裏返すのは、女性にとってはとてもたいへんです。そこで、さおをもう一本、干した布団の外側に置き、布

団を手前から裏返して掛けるようにすると、簡単に裏返すことができます。

（鳥取県・金川恵子）

ちょっとした贈り物に

贈り物を包む時に、かわいい柄のフキンを使っています。フキン自体も喜ばれるので、贈る方も2倍の喜びがあります。

（岩手県・西山ちよ美）

ボタンにひと工夫

ボタンを縫い付けたら、表面から見える部分の糸に、透明のマニキュアを塗ります。マニキュアは水に溶けないので、シャツを繰り返し洗っても、ボタンが取れにくくなります。

（東京都・長井佐代子）

ずれ防止に

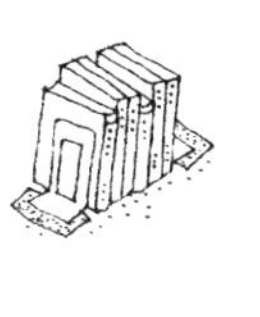

机の上のブックエンドやキッチンの水切りカゴ、まな板などが動いて困ることがあります。市販の滑り止めのシリコンシートを適当な大きさに切って、動かしたくないものの下に敷くと、ずれてくるのを防げます。

（千葉県・高橋洋子）

ガムを取る方法

服や床についてしまったチューインガムをきれいに取るには、氷を布に包んで、ガムのついているところにあてます。ガムが冷やされて固まり、簡単に取ることができます。

（秋田県・高石美貴）

家具の選び方

家具を買いに行く時は、必ず雨の日にしています。湿気が多い雨の日でも、引き出しの滑りがよいものを選ぶようにすると失敗がありません。

（三重県・山川美保）

ラップで簡単

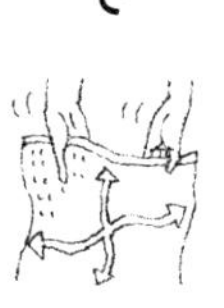

のり巻きやサンドイッチを作ったときは、出来上がったものをラップに包んでから、庖丁で食べやすい大きさに切り分けます。遠足やピクニックなどのお弁当にそのまま持っていくと、食べるときに形が崩れにくく、手も汚れにくいので便利です。

（福島県・滝口久子）

タオルを振るだけで

タオルをふんわり洗い上げるこつは、干す際に縦向き、横向きとしっかりタオルを振ることです。タオルの繊維を毛羽立たせることで、乾いたときにふんわりとした肌触りになります。

（東京都・天野あゆみ）

茶殻を使って

土鍋に食べ物のにおいがうつってしまったときは、茶殻を使います。土鍋にたっぷりの水を入れて、ほうじ茶や緑茶の茶殻をひとつかみ加えます。弱火で10分ほど煮立てると、鍋についたにおいも気にならなくなります。その後は鍋についた水滴を拭きとり、しっかりと乾燥させてからしまいましょう。

（岩手県・田口理恵）

玉子のカラで

ガラスの花瓶など、口が細くて洗うときに手が入りにくいものは、砕いた玉子のカラと水を入れ、口を手でふさいで振ります。玉子のカラが内側の汚れを擦り取ってくれます。重曹を小サジ2杯加えると、さらに汚れが落ちやすくなります。

（新潟県・平野香織）

ピクルスのつけ汁で

ピクルスのつけ汁は、オリーブオイルを加えるとドレッシングとして使えます。

ピクルスや玉ねぎなどの余り野菜を細かく刻んで加えると、風味が豊かになり、いつものサラダに変化をつけられます。お好みでコショーをきかせても美味しいです。

（佐賀県・佐々木由美）

バッグの整理に

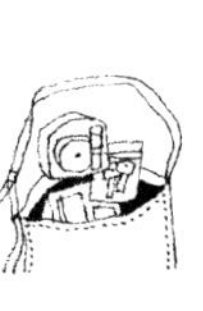

バッグの中の整理に、透明のビニールポーチを使うと、中身が見えて、使うものをすぐに取り出せます。私は、電子機器、化粧品、鍵など、ジャンル別に入れています。

（秋田県・横山佳代）

やかんのそうじに

やかんの内側についた湯垢が気になるときは、水を8割程入れ、ひと握りの塩と少々の酢を加えて、一晩置くときれいに取れます。電気ポットの内側も、この方法で汚れを落とせます。

（兵庫県・堀上香菜子）

固まってしまったら

白く固まってしまったはちみつをやわらかくする方法です。鍋に水を入れて、フタを取ったはちみつの瓶を入れ、弱火で

50度くらいの湯になるまで温めます。瓶のなかに水が入らないように気をつけながらかき混ぜると、使いやすい状態に戻ります。

（神奈川県・太田美沙子）

湿気の防止に

天気の良い日には、普段閉め切っている箪笥の引き出しを、風通しの良い場所に一日置いておきましょう。空気の入れ替えになり、カビなどを防ぐことができます。桐素材の箪笥なら、木の湿気が取れて、出し入れもしやすくなります。

（香川県・吉川智子）

トイレのよい香り

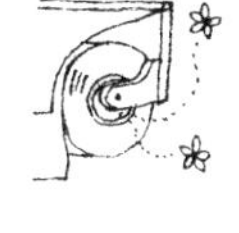

トイレットペーパーを交換するとき、芯の内側に好きな香水を少し吹きつけてからセットします。使うたびによい香りがします。市販のトイレの芳香剤よりもさりげない香りなので気に入っています。

（新潟県・近藤まゆみ）

大きな屋外駐車場では

ショッピングモールなど大きな施設の屋外駐車場に車をとめたら、携帯電話についているカメラで、車の前方、後方、右、

左と順番に四方の景色を撮っておきます。とめた場所がわからなくなったときに役に立ちます。

（静岡県・馬場茉央）

弁当箱でご飯を成形

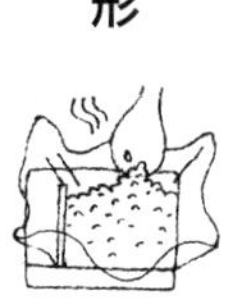

弁当に持っていくご飯をまとめて作ります。ラップを敷いた弁当箱に温かいご飯を詰めて成形し、そのラップに包んで冷凍しておきます。使うときは、電子レンジで解凍・加熱し、冷ましてから、ラップを外して弁当箱に入れます。ぴったり収まりますし、しゃもじや箸で触れる回数が少なくなるので衛生的です。

（神奈川県・大川和美）

タルト生地をポリ袋で

お菓子のタルトを作る時は、大きめのポリ袋に生地の材料を入れ、その上から、「捏ねる」「まとめる」「伸ばす」の作業をします。めん棒やのし台に生地がくっついて破れたりすることがなく、うまくできます。ボウルなどの洗い物が減り、粉も飛び散らず、後片付けがぐんと楽になるのもよいところです。

（埼玉県・木野敦子）

庭仕事の手袋

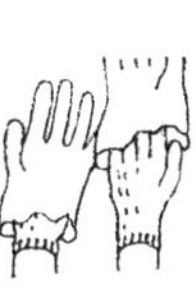

庭仕事をする際は、軍手をはめてから、ビニール手袋を重ねます。軍手が泥で汚れることもなく、また、ビニール手袋の内側が汗で湿って不快に感じることもありません。冬場はハンドクリームを塗ってから軍手をすれば、保湿効果も期待でき、一石三鳥です。

（東京都・上田　希）

うがいコップは房掛けに

洗面所に置いておく歯磨きやうがい用のコップはそのままにするとすぐに内側の底が汚れてきます。使うたびに布巾で拭くのも面倒です。プラスチック製の房掛けを壁や鏡などに固定して、そこに逆さまにひっかけておくようにすると清潔に保てます。

（徳島県・小暮明子）

アルミ箔のじょうご

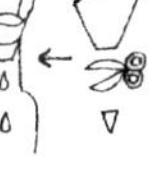

口の狭い容器に粉末や液体を入れる時は、お弁当などに入れる使い捨てのアルミ製カップを利用しています。平らに広げて四つ折りにし、カップの真ん中にあたる先の部分をほんの少しはさみで切ります。外側から1枚目を開いて円錐状に広げ、じょうごのように容器に差して、底に

作った穴を通して粉末や液体を入れます。手製の化粧水を瓶に入れたり、スパイスを詰め替えたりするのも、こぼさず簡単にできます。

（神奈川県・杉本直美）

ドッグフードはおたまで

固形ドッグフードの大袋は、残りが少なくなると取り出しにくいものですが、おたまを使えば簡単です。腕を深く差し入れなくても、隅に残った少量まで簡単に取ることができます。

（神奈川県・倉形百合子）

袋の持ち手にハンカチ

スーパーの帰りなど、袋の持ち手が手や腕に食い込んで、痛いときがあります。ハンカチを細長く折り、持ち手に通して輪にして結び、この輪を持つようにすると、手が痛くなりません。袋がたくさんあるときは、持ち手をまとめて同様に結べば、持ちやすくなります。

（鳥取県・武内麻里子）

柑橘類を持って山へ

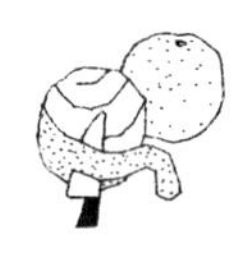

登山中にいただく柑橘類はとてもおいし

いのですが、食べた後、皮をゴミとして持ち帰るのが面倒です。そこで、皮の白い部分は残したまま、黄色い部分をナイフでむいておき、ラップに包んで持っていくようにしました。こうすれば果物が乾燥することなく、おいしくいただけます。夏みかんなどの皮が厚いものも、気にせずに持っていくことができます。

（福島県・五十嵐久美子）

洗いカゴの工夫

洗いものをしたときに、箸置きやお弁当のピックなど小さいものは、水切りカゴの隙間から落ちてしまうことがあります。みそ漉しなどの小さめのザルの中に入れておくと、落ちる心配もなく見つけやすいので便利です。

（徳島県・小暮明子）

ベリー・グッド

料理本の新しいレシピを試してみて、家族に好評だったら、そのページに「ベリー・グッド」と書き込みます。好評なページが増えるとうれしく、励みになって、またチャレンジしたくなります。

（兵庫県・打田美加）

キッチンのゴミ箱に

ゴミ袋の底にキッチンペーパーを敷き、酢を2倍程度の水で薄めてかけ、ゴミ箱にセットします。こうすれば嫌な臭いが防げます。45ℓのゴミ袋に対して、キッチンペーパーは2枚、酢水は大サジ3杯くらい使うとよいでしょう。

（熊本県・橋本真由）

風通しよく保存

にんにくや唐辛子は、風通しのよいところで保存すると長持ちします。三角コーナー用のネットに入れ、フック付きの洗濯バサミで口を閉じ、キッチンの棚にぶらさげています。目に入りやすいこともあり、鮮度のよいうちに使いきれます。

（神奈川県・田崎由美）

一筆箋を使うときは

贈り物にさりげなく添えることができる一筆箋は、季節に合わせたものを何種類か用意しておくと便利です。使った際、表紙裏に宛先と日付をメモしておくと、同じ人に同じものを使うことを防げます。

（大阪府・広瀬千恵子）

鉛筆の削り方

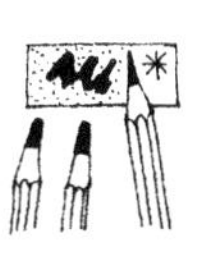

鉛筆は、いつも木の部分をカッターで削り、芯を長めに出しておいて、紙やすりで尖らせます。書きやすいうえ、鉛筆が長持ちします。

（香川県・今西佐知）

色を揃えて

歯ブラシや石鹸などが並び、雑然としがちな洗面所は、置く物の色を統一すると、出しっぱなしでもスッキリと見えます。色を統一できないものは、同系色のコップに入れています。

（千葉県・船渡川みづほ）

サラダに果物

サラダは野菜の種類や盛りつけがワンパターンになりがちです。手軽に目先を変えたいなと思い、その日家にある果物を小さく切って加えてみました。すると見た目、味わい、歯触りも新鮮なサラダができました。りんご、いちご、キウイ、かんきつ類などがよく合います。

（愛知県・清水寛子）

晩ごはんの考え方

共働きのわが家。外食も多く、食事の時

間も不規則になりがちです。家にいるときはホッとするごはんが食べたいね、と協議の結果、お味噌汁、塩鮭、玉子焼き、野菜の浅漬け、梅干しなど、朝ごはんのようなメニューを晩ごはんにも食べるようになりました。これならさっと用意でき、胃の負担も軽く、心なしかよく眠れるようになりました。ごちそうは休日のお楽しみにとっておきます。

（埼玉県・高橋つかさ）

あえて不案内な店に

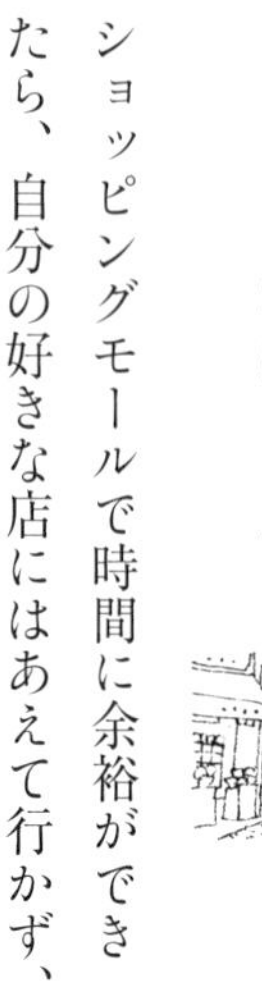

ショッピングモールで時間に余裕ができたら、自分の好きな店にはあえて行かず、不案内な分野の店を訪ねるようにしています。私の場合は、インテリアや外国食材のお店です。専門店は、路面店だと敷居が高いものですが、ショッピングモールなら、気軽に見て回れます。自分の興味を広げるきっかけになります。

（東京都・増山由美子）

端切れ野菜でお好み焼き

大根やにんじんの皮、しいたけの石突きなどは、捨ててしまいがちな部分ですが、実は栄養もうま味もたっぷり。冷蔵庫にとっておき、せん切りやみじん切りにして、お好み焼きの具にしています。一人

分の、気軽なランチができます。

（兵庫県・柴田久美子）

ベランダ掃除に

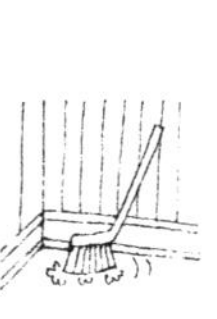

ベランダの隅には、細かいホコリやゴミがすぐに溜まります。ある日トイレ用の掃除ブラシが安く売っていたので購入し、このブラシでベランダの隅をさーっとなでてみたところ、ゴミが次々と絡めとられ、あっという間にきれいになりました。ゴミ袋の中でブラシをはたけば、掃除完了。よい方法を見つけました。

（東京都・千田光江）

てぬぐいの端にミシン

ハンカチ代わりにてぬぐいを使っています。端が切りっぱなしなので、ほつれないようジグザグミシンをかけています。てぬぐいの色と相性の良い色糸で縫うとアクセントになり、使うたびにちょっと嬉しくなる一枚に。

（北海道・後藤なおみ）

登場人物をしおりに

登場人物が多い小説は、本の冒頭に人物相関図などが書いてあるもの。読み始める前にそれを紙に書き写し、その紙をし

おりとして使うと、「この人誰だったかな？」と思ったときにいつでも見直せ、便利です。新しい人物が出てきたら、書き足すこともお忘れなく。

（千葉県・髙野恵美）

お疲れ気味の友人に

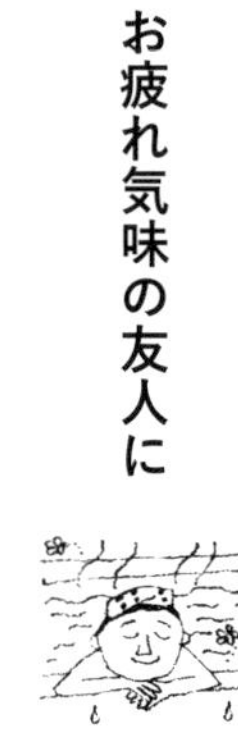

忙しい友人に入浴剤をプレゼントしたところ、とても喜ばれました。ちょっとした贈り物ですが、いたわりの気持ちを形にすることが大事なんだな、と改めて気づきました。

（三重県・只野沙織）

バナナの保存

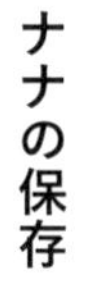

バナナが大好きなわが家。でも、夏場はすぐに熟れすぎて、気づくと真っ黒に……。とはいえ、冷蔵庫にそのまま入れても皮が黒くなってしまいます。そこで、バナナをまるごと保冷バッグに入れて冷蔵庫の野菜室で保存したところ、食べきるまでよい状態を保てました。

（東京都・佐藤明日香）

香りのよい除菌スプレー

水回りの掃除に、お気に入りの香りを取

り入れてみませんか。無水エタノール10㎖に好みの精油20滴を入れて混ぜ、精製水90㎖を加えてスプレーボトルに移します。よく振ってからスプレーします。

（高知県・花田多江）

缶詰の賞味期限

缶詰に印字されている賞味期限は、文字が小さくて読みにくいもの。私は、購入したときに、油性マジックで見やすいところに大きく書き直しています。ひと目で日付が確認できるので、期限を過ぎてしまうこともなくなりました。

（神奈川県・中島洋子）

単語カードに簡単レシピ

煮ものの調味料の割合やドレッシングのレシピなどを、料理中に手早く調べられると、調理時間の短縮につながります。わが家では、単語カードにレシピを書き、冷蔵庫の側面につるして、すぐ見られるようにしています。

（奈良県・向井三四子）

写真でわかりやすく

小さい子どもは、おもちゃをなくしたり、洋服をちらかしたりは日常茶飯事です。そこで、おもちゃや洋服をしまう箱を

作って、中身の写真を箱の側面に貼ってみました。子どもにもしまう場所がわかりやすくなり、ものを探すこともなくなりました。

（宮城県・小家広美）

傘の柄もきれいに

傘を使うことが多い季節です。傘の柄は、何度も手で握る部分ですが、きれいにする機会が案外ないもの。ときどき、雑巾に洗剤液をふくませてかたくしぼり、よく拭きましょう。

（青森県・大田幸子）

キッチンに植物を

キッチンの空いているスペースには、すぐに何かを置いてしまいがち。そんなスペースに、友だちにもらった小ぶりの多肉植物を置いてみました。緑があると、空間がはなやかに。そして嬉しいことに、それ以上そこにものを置かなくなり、すっきりとした状態を保てています。

（愛知県・河村直子）

崩れ防止に

ケーキを冷蔵庫に入れるとき、皿にのせ

てラップをすると、デコレーションなどが崩れてしまうことがあります。そんなときは、ラップのかわりに料理用のボールを逆さにしてかぶせると、ケーキが崩れず、乾燥も防げます。（愛知県・新川由紀）

子どもの体調メモ

子どもが体調を崩したら、メモに詳しい症状や体温の経過を記しておきます。病院にかかる際には、聞きたいことを追記して受付で渡します。慌ただしいときに起こりがちな言い忘れ、聞き忘れを防げます。（岐阜県・棚瀬史恵）

次の予定があるときは

会食の後に予定がある場合、時計を気にしながら食事をするのは落ち着かないもの。出たい時間を、前もって店側に伝えておくとスムーズです。特に、ひと皿ずつふるまわれるコースの場合は、料理を出すタイミングを調整してくれます。（三重県・永山真理）

梅干しを使いやすく

梅干しを10コほど庖丁でたたき、ペーストの状態で保存しています。おにぎりの

具や、梅ドレッシング、冷奴のトッピングなどにすぐ使えて便利です。種も捨てずに残しておき、煮魚の煮汁に2～3粒入れると、くさみ消しになります。

（東京都・室谷理恵）

バゲットの袋

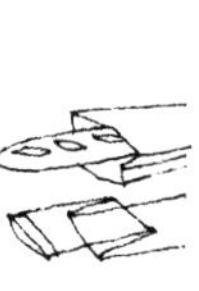

バゲットが包まれていた縦長の袋は、細長い野菜を入れるのにぴったりです。紙袋には、泥つきのごぼうややまいもを、保存用のポリ袋には、セロリや長ねぎなど水気の多い野菜を入れて、冷蔵庫で保存しています。

（新潟県・近藤 檀）

ゆで玉子の切り方

ゆで玉子を切るときに、黄味がくずれてぼろぼろになってしまったことはありませんか。そんなときは、庖丁の刃にラップを巻いてみてください。黄味がつかず、きれいに切れますよ。

（埼玉県・奥田清子）

枕に手ぬぐいを

長い間使って柔らかくなった手ぬぐいを、枕に巻いています。枕カバーよりも肌触りがよく、取り替えるのも簡単。洗濯しても干しやすく、すぐ乾くので便利です。

軽いので、旅行などでホテルに泊まるときは、必ず持っていくようにしています。
（岡山県・高橋菜穂）

余ったハーブで

パセリやローズマリーなどのフレッシュハーブが余ってしまったときは、ひと手間を加えて自家製ハーブソルトに。細かく刻んで乾燥させ、カラ炒りした粗塩と混ぜるだけで出来上がりです。肉や魚にひと振りし、さっと焼くだけで、ハーブが香るおかずになりますよ。
（千葉県・森田洋子）

写真で客観視

部屋が散らかっている、と家族から指摘されても、自分ではピンときませんでした。ある日、スマートフォンで撮影した部屋の写真を見たら、その乱雑さにびっくり。気がつかなかった部分が見えてきて、整理整頓する気持ちになりました。
（兵庫県・村上 定）

雨具の手入れ

長雨の時季は、脱いだレインコートだけでなく、傘や雨靴なども、きちんと水気

を拭き取ります。いずれも梅雨の晴れ間には陰干しし、よく乾かします。こうして日々、雨具の手入れをすることで、気持ちよく、長く使うことができます。

（東京都・長嶋りか）

青じその保存方法

青じそが活躍する季節です。保存するときは、ビンの底に少量の水をはり、茎の部分のみ浸るようにしてフタをし、冷蔵庫へ。水は2〜3日ごとに替えます。1週間ほど経っても、葉がぴんと張って、しなびることがありません。

（秋田県・山本 優）

夏の章

丸椅子でひと休み

キッチンに丸椅子を置いています。お湯を沸かしている時、待ちきれずにひと仕事してしまい、その間に沸騰していることがあります。タイマーをかけるほどではない時、私は丸椅子に座って待つことにしています。

（埼玉県・大内厚子）

便利な手

自分の手の中で、1センチと5センチのところを見つけておきます。小指の爪の長さとか、中指の先から第二関節までとか……料理で食材を切る時に、幅の良いめやすになります。

（群馬県・柄沢裕子）

黒砂糖をひとかけら

たくさん汗をかいた時や、のどが渇いて水をいくら飲んでも癒やされない時には、黒砂糖のかたまりを舐めるのがいいと、沖縄の高校球児たちが実践しているのを、以前テレビで見ました。水を飲むよりも渇きが止まり、塩分も含まれているので体も疲れません。

（熊本県・河野京子）

ビンのもの

インスタントコーヒーなど、液体でないビン詰めの物は、さかさにして保管すると密閉されて湿気にくくなります。

（東京都・竹田洋子）

パソコン用机の活用法

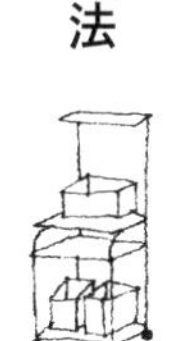

最近、ゴミの分別が細かくなり、整理しづらく悩んでいました。そんな折、これまで使っていた大きなパソコン用机が不要になったので、家庭内のゴミステーションとして使っています。棚が何段もあるので、ゴミの分別にぴったりです。

（北海道・美田正宏）

霧吹きで美味しく

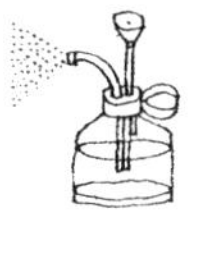

霧吹きは、お菓子作りだけでなく、少々乾燥した食パン、ピザ、温めの御飯など、食卓での日常使いに便利。霧吹きすれば、もとのように美味しくいただけます。

（岩手県・坂下公子）

食べ過ぎないために

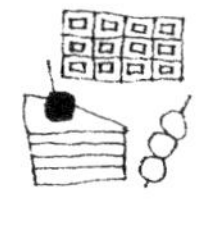

ダイエットをしている方へ。食後のデ

ザート、間食、甘い誘惑に負けそうな時は、歯磨きをしてみて下さい。自然と、食べたい気持ちがおさまります。

（広島県・藤田裕子）

柄の長いソーダスプーン

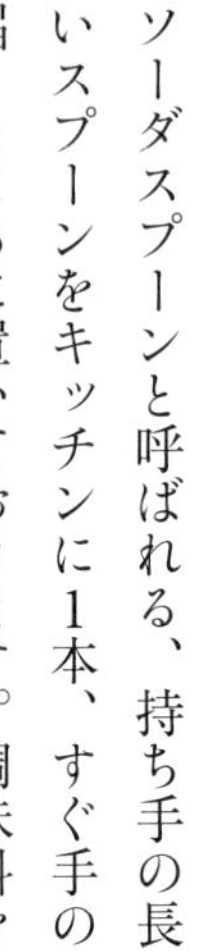

ソーダスプーンと呼ばれる、持ち手の長いスプーンをキッチンに1本、すぐ手の届くところに置いておきます。調味料をすくう時や、マドラーとしても便利です。いろいろな種類があるので、手になじむものをみつけてみては。

（神奈川県・荒川富美子）

お弁当箱にわさびを

蒸し暑い季節には、お弁当が悪くならないか心配。市販の保存シートを毎回使うのはもったいないので、お弁当箱のフタの裏に少量のわさびを塗っています。空の弁当箱のいやなにおいもなくなります。

（山形県・佐藤孝枝）

切手をどうぞ

ご年配の方は、物をたくさんお持ちなので、プレゼント選びに困ります。そこで、どんどん使ってくださいね、とのメッ

セージを添えて、記念切手とレターセットをプレゼントしてみました。その方のイメージに合わせた切手を選ぶのは楽しいもの。入院中の方にも喜ばれると思います。

（青森県・峯田澄江）

冷たい麺

乾麺のそばやうどんを茹で、流水でもみ洗いしたら、水気を切ってごま油をたらりと一かけ。あとは、香菜と刻んだトマトをトッピングして市販のつゆやしょう油をかけ回し、一味唐辛子をふったりして、季節の野菜との組み合わせを楽しんでいます。今日はセリとじゃこでスダチを搾ろうかな。

（埼玉県・東　惠章）

ゴールデンドロップ

紅茶をポットからカップに注ぐとき、最後の1滴には旨みやコクが凝縮されているので〝ゴールデンドロップ〟と呼ばれ、これで味が引き締まるそうです。それを知ってから、お茶を淹れるときは、必ずこのドロップを落とすようにしています。

（鳥取県・川島琴美）

押し花シール

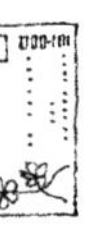

育てた花や切り花を押し花にしました。ティッシュの間に花びらを挟み、吸い取り紙を上下に置いて、厚い本に挟みます。シンプルな封筒にのりで貼れば、控えめだけれど可憐なアクセントになり、喜ばれました。小ぶりの花なら作りやすいので、季節の花を色々と楽しんでいます。

（長野県・中村康子）

液体を上手に

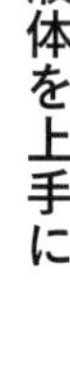

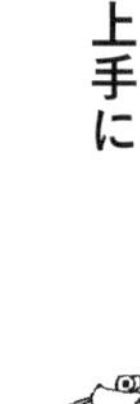

汁気の多いものを袋に入れるのは難しいものですが、袋の下に大きさの合うボールを置いて、縁に袋の口の片方をクリップでとめ、もう片方を手で広げながら入れると、スムーズに入ります。

（北海道・浅井紀子）

揚げ物の準備

揚げ物を作るときは、小麦粉、パン粉、玉子を、はじめ少なめに出しておき、後からスプーンで少しずつ足せるようにしておきます。きれいなままで余ったら、玉子は他の料理に使えるので無駄がありません。

（埼玉県・足立晴美）

ついでに少し

気に入った展覧会のチラシやハガキは、自分用とは別に2、3枚もらっておくと、ふいに会った友人にも話の種に気兼ねなく渡せます。ショップカードや、フリーペーパーも同様に。（神奈川県・村井さゆり）

変わりジェノベーゼ

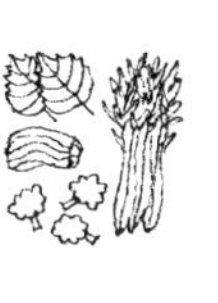

バジルではなく、大葉や水菜、茹でた小松菜やブロッコリー、春菊などを使っても、ジェノベーゼ風ソースができます。炒った松の実、オリーブオイル、塩、チーズと一緒にミキサーにかければ出来上がり。瓶に保存するときは、最後にオリーブオイルを少したらすと、オイルの膜が蓋になってソースの持ちがよくなります。（東京都・我孫子留美）

しょう油のかわりに

暑くなってくると、濃口しょう油のかわりにシーズニングソース、薄口しょう油のかわりにナンプラーを使っています。いつもの料理もエスニックな風味になり、季節によく似合います。（埼玉県・東 惠章）

食器を花器に

食器にヒビが入ったり、ふちが欠けたりした場合は、花器に再利用しています。接着剤でざっと繕い、欠けたところは、後ろに回したり、草花で隠します。大鉢は玄関、ぐい飲みは洗面所、お風呂場ではグラスが、花や観葉植物を活き活きと見せてくれます。

（新潟県・佐藤妙子）

お弁当の丘

小さめのお弁当箱を使いたいときは、詰め方をひと工夫。ご飯を丘のように盛り、頂上の方には昆布やおかかを、ふもとの方には卵焼きなどの大きめのおかずをのせます。隙間が少なくなり、たくさん詰めることができます。

（神奈川県・本田朋子）

帰ってきたら足を

夏場は外から帰ってきたら、手洗い・うがいのついでに、お風呂場で足を軽く洗っています。足を拭くタオルは、朝の洗顔時に使ったもので十分。足が清潔になると気分までさっぱりします。

（東京都・飯島祐美）

オリーブのディップ

オリーブ、アンチョビー、潰したにんにく、オリーブ油をブレンダーで撹拌し、すり下ろしたレモンの皮を入れてもうひとまわしすると、オリーブのディップができます。野菜スティックや、パンに塗っていただきます。

（埼玉県・高田保美）

梅酢でおむすびを

手に梅酢をつけておむすびをにぎると、傷みにくく、程よい塩気で味も良いです。

（東京都・大石まい）

バッグの取っ手に

かごタイプのバッグは、中身が見えてしまうのがみっともないし、盗難の危険もあって心配です。色のきれいなハンカチやスカーフで取っ手を合わせて結ぶと、口が開かず、見た目もすてきです。

（大阪府・早川鈴音）

冷や汁風そうめん

そうめんをつゆで食べるのにあきたら、冷や汁風のたれでいただいています。味噌とすりごまを水でのばし、みょうがや

しそを混ぜた冷や汁風のたれは、簡単にできて、美味しいものです。

(東京都・池田八重子)

にんにくしょう油

ビンに、皮をむいたにんにく2株としょう油200mlを入れ、冷蔵庫で3週間漬け込みます。タレやドレッシングにしたり、肉や野菜を炒めるときにつかっても食欲がわく美味しさです。冷蔵庫に入れておけば、かなり日持ちします。

(埼玉県・山田玲子)

ねじりエプロン

背中でひもを交差させるタイプのエプロンは、肩からひもが落ちてくることがあります。背中のひもをねじってから結ぶと、ずり落ちにくくなります。

(埼玉県・藤田ゆかり)

髪にボリュームを

髪にボリュームを出すための乾かし方のコツです。頭頂部の毛を片手でつかんで、根元を立ち上げ、そこにドライヤーの熱風をあてます。少し熱いかな、と感じる

ぐらいで冷風に切り替えてください。そうするとふんわりとします。

（東京都・吉田奈々子）

投函の確認

郵便ポストに投函するとき、郵便物を奥まで押し込んで、無事に中に入ったか確認しています。前の人が出した郵便物が詰まって、ポストの口に挟まっていたのを見たことがあり、それ以来、毎回意識して投函するようになりました。

（神奈川県・杉本なおみ）

いつものシャンプーで

美容院でシャンプーが合わないなと感じたので、自宅でいつも使っているシャンプーとコンディショナーを持参し、「これでお願いできますか？」と尋ねてみました。すると、快く引き受けてもらえ、仕上がりにも満足しました。

（愛知県・中川弘美）

細長い氷

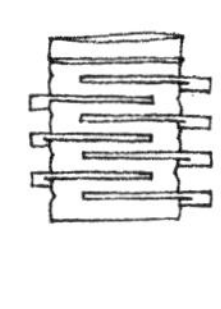

口の小さい水筒に冷たい飲み物を入れるときのための、細長い氷を作ります。

チャック付きのポリ袋に、$\frac{1}{3}$ほどの水を入れて口を閉じ、平らなところに置いて、袋の両側から交互に割り箸を挟みます。そのまま平らにして冷凍し、凍ったら、割り箸の線で折ると、細長い氷ができます。

（神奈川県・矢田雅子）

洋野菜の味噌汁

ズッキーニやパプリカなどの洋野菜も、お味噌汁の具として意外とよく合います。パプリカは焼いて皮をむき、ズッキーニも焼いてから入れると、香ばしく、煮る時間も短く、色鮮やかにできます。

（東京都・吉沢優子）

インソールを

厚手の靴下やストッキングなど、履くものによっては靴のサイズがぴったりといかないものです。そんなときは、厚めの靴下に合わせて靴を選び、薄手の靴下用にインソールを1組用意したら、1足の応用範囲が広がりました。

（新潟県・高野恵子）

合わせハンガー

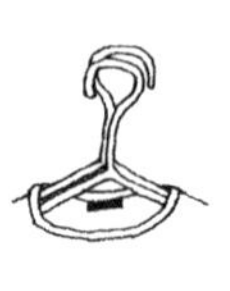

洗濯物をハンガーにかけて外に干していると、風で飛ばされてしまうことがあり

ます。2つのハンガーのフックを左右交互に重ねて服をかけてから干せば、物干し竿からハンガーが取れる心配がありません。

（静岡県・横井千代）

プチトマトの氷

プチトマトを湯むきして、冷凍しておきます。トマトジュースを飲むときに、その冷凍したプチトマトを氷代わりにすると、氷を使ったときのように水っぽくならず、おいしくいただけます。また、見た目もかわいらしいので、お客さまにお出ししても素敵です。

（東京都・菊川真澄）

名入れにひと工夫

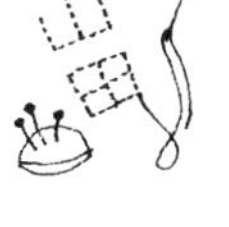

給食袋や紅白帽子など子どもが学校で使う布製品の記名は、名前を刺しゅうします。油性のマジックで名入れをするのと違って、兄弟や知人などでお下がりを使用するとき、きれいな状態で使えますし、手作り感が温かみを生みます。

（神奈川県・大澤智子）

本の整理に

ティッシュペーパーの空き箱は、幅が文庫本や新書本のサイズとぴったりなのを

ご存知でしょうか。空き箱の上部を切り取り、その中に本を並べて、本棚にしまっておけば、ジャンル分けに便利ですし、本棚の中で本が崩れるのも防ぐことができます。また、空き箱にかわいらしい紙などを張り付けると、見た目の鮮やかな、小さな本棚の出来上がり。枕元など本棚のない場所でも、本の整理をするのに重宝します。

（新潟県・佐藤妙子）

汗ばみ防止に

椅子に腰かけていると、体と椅子が触れ合う、お尻や背中の部分の汗ばみが気になる季節になりました。玄関マットなどの滑り止めに使用される、網目になった塩化ビニル製の滑り止めシートを適度な大きさに切って、体が触れる部分に敷いておくと、汗ばみが軽減されます。シートはホームセンターなどで簡単に手に入りますし、値段も手ごろなので、とても便利です。

（福岡県・堤時　寛）

バスマットの乾燥

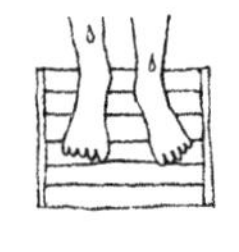

雨が続いて湿気が多いときに、バスマットを干すことができないと、お風呂上がりの足元がジメジメして、あまり気持ちのいいものではありません。そんなときは、お風呂上がりにお湯を抜かずに浴槽

に蓋をし、その上にバスマットを一晩おいておきましょう。お湯の温度で、湿り気を帯びたバスマットが翌朝には、気持ちよく乾いています。

（兵庫県・酒井久子）

栞で心穏やかに

ほっとする文章が書かれたお手紙や、気持ちが和む写真やイラストの入ったお葉書をいただくことがあります。素敵なお手紙をもらったら、時々読み返している本に挟んで栞代わりにしています。本を手に取るたびに、手紙をくれた人のことを思い出し、読みなおして心が穏やかになります。

（徳島県・足立生子）

ドライヤーの風で

ジャムやつくだ煮などが入っている蓋付きのビンを、水洗いして再利用するときに、ドライヤーを使うと早く乾かすことができます。ビンを洗剤で洗って、外側の水気を布で拭き取ります。ビンの内側にドライヤーの風を当てると、底やカーブの部分に残った水滴も、すぐに乾きます。また、ドライヤーの先の形に合わせて、ラップなどの芯を変形させたものをつけて風を当てると、より早く乾きます。

（福島県・滝口久子）

汚れ防止に

棒付きのアイスクリームを食べていると、溶けたアイスが棒をつたって落ちてきて、手が汚れてしまうことがあります。そんなときは、食べ始める前に、お弁当を作るときなどに使うアルミカップを棒に通し、アイスの下の部分につけておきましょう。溶けたアイスがカップの中にたまるので、手が汚れません。

（山梨県・田端陽子）

意外な隠し味

生春巻きにつける「スイートチリソース」は、なかなか使いきるのが難しいものです。ためしに、ドレッシングを作るときに、少し加えてみたら、甘みがアクセントになって、おいしくできあがりました。ポテトサラダにもぴったりなので、隠し味に使ってみてください。

（東京都・川田里佳子）

手鏡で安全に

健康のためにウォーキングを始めたので

すが、後ろから自転車が来ているのに気づかず、ひやっとすることがありました。そこで、ウォーキングのときには、手鏡を持っていき、後ろを確認しながら歩くようにしています。手鏡なら、歩いていても邪魔にならず、便利です。

（兵庫県・村上文子）

とろろ昆布で

お弁当の汁気を防止するには、お弁当箱のおかず入れの底全面に、とろろ昆布を敷くといいです。とろろ昆布にふくまれるアルギン酸は、水分をよく吸収するので、汁気が漏れません。

（京都府・吉田るみ）

旅行には必ず

旅行に行くときには、季節を問わず、大判のストールを持っていきます。昼夜の気温差のある春・秋は、首にまいたり、羽織って調節ができますし、夏は日よけ、冷房よけとして重宝します。

（兵庫県・難波としこ）

カラフルインデックス

ノートの横などに、インデックスシールの代わりに、マスキングテープを使っています。適当な長さに切ったマスキング

テープを、ノート端を挟みこむように、二つ折りにして貼り付けるだけ。上から文字を書くこともできますし、たくさん色があるので、色別で分類すれば、見てすぐに必要な箇所がわかります。

（愛媛県・木村優子）

キャンドルを使う前に

大好きな香りのアロマキャンドルは長く楽しみたいものですが、意外と溶けるスピードが速く、あっという間になくなってしまいます。そこで、使う前にキャンドルを冷蔵庫に入れて冷やしたら、溶けるスピードが遅くなり、長持ちしました。芯が湿気てしまうと火がつきにくくなるので、芯の部分をアルミホイルで覆うのを忘れずに。

（東京都・安田由布子）

パセリの保存法

パセリを買ったらすぐに冷凍保存しています。色鮮やかな状態を保つことができますし、使う時に、手で揉みくずすようにすれば、簡単にパラパラになります。小さく刻んでから冷凍しても使い勝手がいいです。

（三重県・佐々木 茜）

炭酸水で

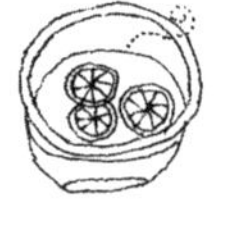

スクランブルエッグを作る際に、玉子1個に対して、大サジ1杯の炭酸水を混ぜて作ると、驚くほどふわふわに仕上がります。

（東京都・菊川真澄）

アイロンのてかりに

アイロンをかけて布地がてかってしまった時は、お酢と水を1：2くらいの割合で混ぜ、タオルに染み込ませて、てかり部分に塗ります。仕上げに、低めの温度のアイロンをかけます。

（香川県・加藤早苗）

部屋の消臭

部屋の臭いが気になる時は、大きめの耐熱ボールにレモンスライスと水を入れて、電子レンジで蒸気が出るくらいまで温めたものを、部屋におきます。レモンには消臭効果がありますし、香りも爽やかなので、すっきりとします。電子レンジの中も消臭できるので、一石二鳥です。

（兵庫県・鈴木真弓）

使用済みの油を

揚げ物に使った油は、コーヒーフィル

ターでこして、瓶で保存しています。目が細かいのできれいにこすことができ、少量の油には、ぴったりのサイズです。

（東京都・宮本純子）

アイスクリームの保存

アイスクリームは、空気に触れると風味がおちてしまいます。食べきらない場合は、空気に触れる面を少なくするために、残りがなるべく平らになるように容器からすくいます。さらにラップでアイスクリームの表面をぴったりと覆ってからフタをすると、良い風味が保たれます。

（埼玉県・西　千恵美）

賞味期限がひと目で

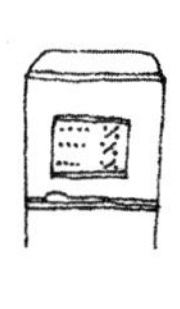

冷蔵庫にホワイトボードをつけ、中に入っている食品名と、その賞味期限を記入しておきます。冷蔵庫を開けなくても、賞味期限がひと目で把握できます。

（茨城県・西沢美智子）

ボタンの収納

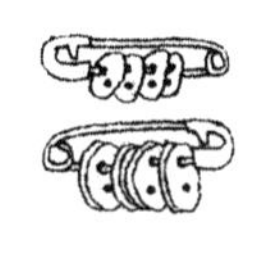

ボタンは種類ごとに分け、安全ピンにさして収納しています。必要なボタンがすぐに見つかるので、とても便利です。

（愛知県・石川幸子）

魚のうろことり

魚のうろこをとる時に、大根を使うと便利です。大根のしっぽ（葉と逆の方）など、余った部分を斜めにカットします。カットした面を魚にあてて、うろこに逆らうようにしてこすります。きれいに取れますし、うろこは大根にくっつくので、飛び散りません。

（長野県・丸山ゆり）

ちょっとしたひびに

瀬戸物のちょっとしたひびは、牛乳でなおすことができます。大きめの鍋にひび入りの器を入れ、器が見えなくなるぐらい牛乳を注ぎ、5分くらい沸騰させます。ひびの予防にも有効です。

（岐阜県・大江千景）

爽やかなミント水

ピッチャーに水を汲んで、ミントを茎ごと2本ほど入れておきます。しばらくすると風味がうつってすがすがしい飲み物になります。ガラスなど透明な容器に入れるだけで、見た目も涼しく爽やかです。

（東京都・髙橋智子）

じゃがいもの皮で

キッチンのシンクがくもっていたら、じゃがいもの皮を使いましょう。皮の内側でこすってから、乾いた布で拭き取ります。じゃがいもに含まれるサポニンが汚れを取り、ピカピカにしてくれます。同じ方法で、鏡にも応用することができます。

（長崎県・川上由美）

セミドライトマト

ミニトマトがたくさん手に入ったら、セミドライトマトを作ってみましょう。トマトをヨコ半分に切って種を取り除きます。切り口を上にしてざるに広げ、ときどき上下を返しながら天日干しします。3日ほどで切り口がまるまってきたら完成です。サラダやパスタなど様々な料理に加えて楽しめます。ラップに包んで冷凍保存もできます。

（東京都・菊川真澄）

かごですっきり

テーブルや棚の上に普段だしっぱなしになっているメガネや本などは、家族それぞれのかごを用意して入れておきます。部屋がすっきりと片付きますし、子どもたちが、自分の持ち物を片付ける習慣を

身につけるのに役立ちます。（高知県・安井みゆき）

夕食のおしながき

夕食の献立を、筆ペンを使って和食屋さんの「おしながき」のように書きます。普段の献立が素敵に見えますし、それを保存しておくと、おかずの組み合わせなどの参考にもなります。（岐阜県・土田栄子）

涼しげなガラスボウル

暑い季節になると、普段使いのガラスの食器を冷蔵庫に入れておきます。アイスクリームやヨーグルト、冷奴などを盛れば冷たいまま美味しく食べられますし、食卓も涼しげになります。（神奈川県・稲垣篤子）

寝る前に翌日の準備を

寝る前に、翌日の予定を順番に紙に書くようにしています。同時に、前日の分を、今日することができたか確認しながら消していきます。こまごまとした忘れがちなことも、リストに書き留めるだけでてきぱきとこなせ、一日を効率的に過ごすことができます。（兵庫県・穴田敏子）

ライトで探しやすく

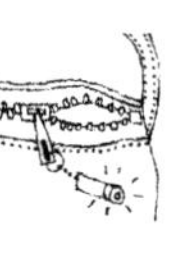

バッグの取っ手やファスナーに小さなライトをぶら下げておくと便利です。暗いところで鍵や手帖を取り出すときにバッグの中や手元を照らすことができるので、探し物が見つけやすくなります。

（東京都・寺田明子）

庭の草木をお供えに

仏壇に供える花は、仏花として市販されているものだけと決めず、庭で育てている花や草木に、ハーブも組み合わせて供えています。より心を込めることができ、季節感も溢れる仏花になります。

（愛知県・中村京子）

「コロコロ」のテープ

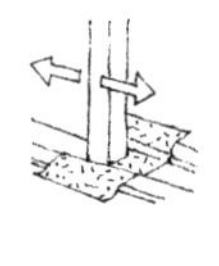

粘着テープの掃除道具「コロコロ」。ゴミを取って粘着力が弱くなったテープを切り取ったら、捨てる前にふすまと敷居の間に入れてすべらせると、粘着力がほどよく残っているので、ホコリがよく取れます。

（新潟県・村山 桂）

布のバッグを整理に

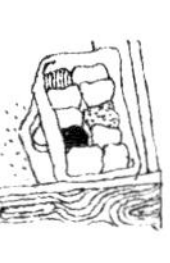

洋服を買った時などにもらう、布や不織布製のバッグを、衣類ダンスの整理に利用しています。引き出しの深さに合わせて口を折り返し、見つけづらいショートストッキングやミニタオルを入れていきます。内容に合わせて形を変えられるので、スペースに無駄が出ないのが気に入っています。

（東京都・増山由美子）

ジッパー付き袋

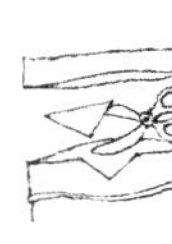

食品に多い、ジッパー付き袋に入った市販品。開け口をまっすぐカットすると、ジッパーを開けるときに指がかからなくて手間取ることがあります。最初にハサミを入れて口を開けたら、開閉時に指をかける側にV字の切り込みを入れると、開けやすくなります。

（広島県・樽谷浩子）

折りたたみ傘のヒモ

傘をまとめるヒモが、傘の内側に付いている場合、差しているときにヒモが頭に当たることがあります。ヒモをループ状に留めておくと、頭に当たらず、まとめるときもヒモがすぐに見つかります。

（石川県・充木 朋）

ネクタイの贈り物

老舗の紳士服店で、贈り物にネクタイを選んでいた時、店員さんにこうアドバイスされました。贈る側はつい「持っていない色柄を」と選びがちですが、ネクタイに合わせるスーツの色味は限られているもの。冒険した色柄より、いかにも「あの人が着けていそう」と思えるようなネクタイを選ぶ方が喜ばれるそうです。

（神奈川県・相原幸子）

サッシ掃除は雨の日に

雨の日はサッシが濡れて汚れが浮き上がるので、楽にきれいにできます。まずぞうきんで全体の汚れを拭き、いらない布を爪楊枝に巻きつけ、溝の隅から隅まで走らせます。雨が止み、窓を開けるときの気持ちよさは格別です。

（広島県・井田まゆみ）

かぼちゃの煮物に

かぼちゃの煮物は一度に食べ切れないことが多いもの。翌日はかぼちゃを小さめ

に切り、ゆでたほうれん草を長さ3㎝程に切って、すりごまを加えて煮物と和えます。目先が変わり、おすすめです。

（北海道・佐藤豊子）

省略メイク

メイクに時間がとれないとき、ファンデーションにせめてチークをつけて出かけています。肌がきれいでイキイキとして見えれば、人に好感を与えるようで、意外に省略メイクとは気づかれません。

（東京都・伊藤節代）

孫専用引き出し

孫の食器を、食器棚の引き出し一つに、きちんと整頓してまとめました。孫たちは専用の引き出しがとても嬉しいようで、おやつや食事の時間になると、自分たちで食器をテーブルに並べて座ります。用がなくても時々開けてのぞいています。

（長野県・唐澤由美子）

日本茶ゼリー

暑い季節は緑茶やほうじ茶でゼリーを作ります。さっぱりしたおいしさで、食後

のデザートやおやつに喜ばれます。アイスクリームを添えるのもおすすめ。

（東京都・小林恵子）

ハンカチをプラス1枚

旅じたくには、旅行日数プラス1枚のハンカチを加えます。旅先では思いのほか汗をかきますし、疲れたときは、冷たい水で手をゆっくり洗うとすっきりするものです。また細々としたものをまとめたり、スカーフ代わりに使ったり、ハンカチが1枚余計にあると、いろいろな場面で重宝します。

（青森県・鎌田和子）

鍋を素早く冷ます

外出前、「料理の入った鍋を冷蔵庫に入れたいけれど、まだ温かいし……」と迷うときがあります。そうならないために、外出の30分～1時間前に、大きめの保冷剤を鍋の下に敷いておきます。出かける頃には温度が下がっています。

（鹿児島県・清水佐智子）

便利な「さらし」

手芸店などに売っているさらしを30㎝にカットし、洗面所やキッチンに置いてい

ます。鏡の水はねも、ひと拭きできれいに。またクエン酸水を染みこませてシンクを拭くと、水垢やくもりがとれます。乾きが早いのも気に入っています。

（東京都・千田光江）

布団の近くに

自然災害が増えています。真夜中の地震で布団を飛び出し、足の裏をケガする人が多いと聞きました。家の中にガラス片などが飛び散ることを考え、就寝時は近くにデッキシューズ、またはスリッパを置いています。

（北海道・浅井紀子）

魚をカリッと焼く

魚に下味をつけたあと、上新粉を全体にまぶし、油をひいたフライパンで焼くと、表面がカリッと香ばしくなります。下味や、使う油の種類によって、洋風・和風・中華風など、いろいろアレンジできます。

（静岡県・水口文子）

水きりカゴのトレー

水きりカゴの下に敷くトレーは、こまめに水を捨てて洗わないと、四隅などに汚れがつきやすいもの。そこで、このトレー自体を置くことをやめました。洗った食器をカゴに入れたら、カゴの下にこぼれた水気を台フキンで拭き上げるだけなので、とても楽です。

（大阪府・樫原智子）

ハーブのドレッシング

パセリやバジルなどのハーブが使いきれずに残ったとき、みじん切りにして、オリーブ油やワインビネガー、塩・コショーを加えてオリジナルドレッシングを作ります。サラダのほか、魚のムニエルにもよく合います。

（東京都・菊川真澄）

朝のみそ汁

忙しい朝のために、朝食のみそ汁は前日の夜に仕込み、冷蔵庫に入れておきます。ダシ汁で具材を煮るときに、少量のしょうがを細かく刻んで加えます。翌朝、温め直して、みそを溶いて出来上がり。しょうがを加えると、ピリッとした風味が生きて、みそを控えめにでき、減塩に役立ちます。

（千葉県・山田優子）

カードの言葉

誕生日カードに添える言葉は、いつも同

じようなものになりがち。そこで、読んだ本の中に感銘を受けた言葉や詩があったら、スマートフォンで写真を撮るなどして記録しておきます。お気に入りの言葉で、相手にお祝いの気持ちを伝えることができます。

（東京都・菊川真澄）

魚をさばいたときは

夏に自宅で魚をさばくとき、気になるのは内臓の処理です。生ゴミ入れにそのまま置いておくと、あっというまに腐って臭ってしまいます。そんなときは、ポリ袋に入れて口をしっかり閉じ、冷凍庫にしまいます。ゴミの回収日まで凍らせておけば、臭いは出ません。

（大分県・横山芽理）

卵黄が余ったら

お菓子作りなどで、卵黄が余ってしまうことがあります。そんなときは、お猪口などの小さい器に入れて、かぶるくらいのしょう油を注ぎ、冷蔵庫で一晩置きます。翌日には「卵黄のしょう油漬け」の出来上がり。ご飯のお供に、おつまみに、とても重宝します。

（東京都・山永千乃）

家族一緒の写真

お子さんがいる知り合いの家族と会ったときには、家族一緒の写真を撮ってあげます。親はつい子どもを撮るのに夢中で、家族全員の写真は意外と少ないので、よろこばれるものです。

（東京都・平山かおり）

野菜のストック

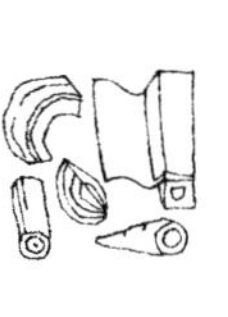

料理をして少しずつ残った野菜は、それぞれラップにくるんで大きめの密閉容器にまとめ、冷蔵庫に入れておきます。料理をするときは、まずその容器を取り出し、使えそうなものをチェック。使いかけの野菜を庫内で見失うことがないので、無駄にする心配がありません。余計なものを買ったり、新しいものを使ってしまうこともなくなりました。

（神奈川県・杉本直美）

風呂敷を活用

素敵な風呂敷を持っているのに、ここのところ使う機会が減っていました。先日の旅行で、ポーチ代わりにスーツケースの中の整理に使ってみたら、衣類やタオルなどを仕分けするのに、とても便利。旅先で寒くなったときは、スカーフのよ

うに首に巻いたり、防寒にも役立ちました。改めて風呂敷の万能ぶりを実感し、悦に入っています。

（北海道・竹内あけみ）

シンクの水垢汚れには

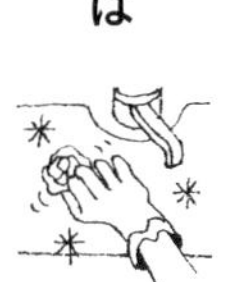

使い終わったラップは捨てずに軽く丸めて、台所のシンクを磨いてみましょう。ラップに少し水を含ませ、軽く力を入れて、円を描くようにくるくるとこすりつけると、水垢が取れてシンクがきれいになります。

（奈良県・宮田真理子）

グリーンで涼しく

いつもお花を飾っている花瓶に、夏は枝ものの植物を挿してみませんか。花と違って暑さでへたりにくく、緑が目に涼しく映ります。霧吹きで葉に水を与えれば、実際に部屋が少し涼しくなります。

（奈良県・田代雄二）

お祝いの品を写真に

結婚、出産、還暦などのお祝いごとの際には、お花、メッセージカード、ご祝儀袋、日用品などなど、様々なプレゼント

をいただくもの。それらを写真に撮り、贈り主の名前を記しておくと、お返しを考えるときに便利ですし、数年後に見返すとうれしさがよみがえります。

（山口県・清水恭子）

断捨離が捗る方法

リサイクルショップなどでものを売ったときは、受け取ったお金を、財布には入れずに貯金箱に入れています。チリも積もればそれなりになるので、「どうせ売っても小銭だから……」と思うことがなくなり、断捨離も捗ります。

（神奈川県・高木じゅん）

うれしいデザート

ケーキのデコレーションに使った生クリームが余ったとき、無糖のヨーグルトに混ぜて、果物などにかけていただくことにしています。ヨーグルトの酸味に生クリームのコクが加わってまろやかになり、うれしいデザートになります。

（愛知県・新川由紀）

軽やかなツナサンド

和風のツナサンドはいかがでしょう。れんこんを細かく切ってゆでたものと、青

じそのみじん切り、しょう油少々をツナに混ぜ、パンに挟みます。さっぱりとしておいしいですよ。

（東京都・菊川真澄）

子どもの絵を栞に

子どもが描いた小さならくがき。飾るほどでもないけれど、かわいくて捨てられない……。そんな絵は、切り抜いて本の栞にしています。きっと今しか描けないであろう子ども特有の素敵な色使いに、本を閉じるときも、また読み始めるときも、温かな気持ちになります。

（東京都・杉田千尋）

友人同士で発表会

70代の友人は、地理や歴史が好きな昔の仕事仲間4人と、年に4回集まり、食事をするそうです。ただの食事会ではなく、今興味のあるテーマについて各自発表する時間を設け、中には資料を配る人もいるとか。テーマはうんと身近なことでも、何でもいいのだそう。こんな機会があると、日常生活にも張り合いが出て、いきいきと過ごせるだろうなと思いました。

（埼玉県・斎藤孝代）

お稲荷さんいろいろ

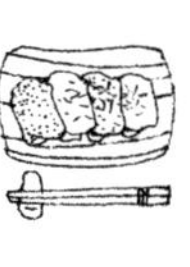

みんなが大好きなお稲荷さん。家庭ごとに定番のレシピがあると思いますが、ちょっとした工夫でアレンジできる料理でもあります。油揚げを煮含めるとき、ハチミツをひとさじ加えるとやさしい甘さになりますし、砂糖を黒糖にすると照りやコクが増します。そしてご飯を包むときは、油揚げの半量を裏返しにすると、きつね色と白っぽい色が交互に並び、とてもきれい。上から刻んだ柚子の皮を散らすと、さわやかになっておすすめです。

（滋賀県・広瀬美恵）

秋の章

お出かけ後に地図を

出かけたときに、道に迷ったあげくに、やっと目的地に着くことがあります。用事が済むとどうやって行ったかを忘れがちですが、帰ってからすぐに地図を見ると、印象が鮮明で次に行くときに迷いませんし、近道が見つかることもあります。

（千葉県・高田ひとみ）

掃除の順番

いつも決まった掃除の順序を時には変えてみましょう。最後のころに掃除する箇所は、どうしても雑になり、サッと済ませがちになりますが、始めたばかりなら、丁寧な気持ちでのぞむことができます。

（群馬県・柄沢裕子）

革靴の手入れ

出かける前はなにかと時間がなく、玄関に来てから履きたい革靴が汚れているということがよくあります。帰宅時の「ただいま」と同時に、軽く革靴の汚れを落としておけば、次回履くときに慌てることがありません。汚れをためないことは、長持ちの秘訣でもあります。

（神奈川県・松尾むつみ）

電気製品には購入月日を

家電を購入した時は、マジックペンなどで、必ず購入月日を書いておきます。故障の時など、保証書を探す前に、いつ購入したかが分かって大変便利です。

（大阪府・湊　ひでみ）

紅茶・コーヒーカップを

お気に入りのカップが1個だけになってしまった時の使い方です。ドレッシングや玉子液を溶く時にも便利ですし、キッチンの飾りも兼ねて出したままにしておくと、目にも楽しいものです。

（北海道・浅井紀子）

ラム酒で

眠れない夜は、牛乳にラム酒をたらしたものを、電子レンジで温めて、飲んでいます。体がじんわりと温まりますし、ふわっといい香りで、眠りにつくことができます。

（石川県・大刀祢さゆり）

おからを美味しく

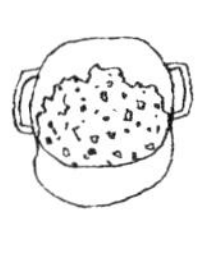

おからを炒り煮にするとき、最後に溶き

玉子を入れると、ふんわりと仕上がります。お豆腐屋さんで教えてもらいました。

（熊本県・河野真美）

干ししいたけのもどし方

干ししいたけをもどす時は、水が良いですが、急ぐ時には、砂糖を入れたお湯のなかへつけておくと、ふっくらと柔らかく、甘味もしみ込んで、料理しやすくなります。

（三重県・中村礼子）

コーヒードリップパックで

ドリップパックのコーヒーを飲んだ後のコーヒーかすは、花壇や畑など土に返しています。空袋は、フライパンやカレー鍋など、鍋や器の油汚れの予備洗いとしてスポンジたわし代わりに使ってから捨てています。仕上げ洗いに使う洗剤が少量で済みますし、環境にも優しいと思います。

（福井県・山田ユキ子）

干物にみりん

みりん干しなど、干物は火の通りが早い

ので、強火で焼くと表面は焦げても、中が生焼けになることがあります。焼く前に、さっとみりんを塗ると、生焼けを防ぎ、甘味とフレッシュな香りが出て美味しくなります。

（東京都・池上芳江）

傘の持ち方

電車の中や人ごみで、たたんだ傘を持ち歩くときは、他の人にぶつからないか、濡らしてしまわないか気がかりです。肩掛け鞄を持っていたら、鞄の持ち手に傘の取っ手を引っ掛ければ、自分の体にまっすぐ沿うので安心です。

（東京都・小松陽子）

太巻きの土手

具沢山の太巻きは何年経っても上手く巻けませんでしたが、海苔の上に酢飯を広げるとき、巻き終わりになるところに、1センチ幅くらいで酢飯を土手の様に盛っておきます。こうすると、具が飛び出さずきれいに巻けます。

（京都府・藤本恵美子）

箸置きを

ガスレンジ台に箸置きを置くと、料理中に菜箸やスプーンを置くことができて便

利です。衛生的で、箸が転がる心配もありません。

（三重県・若林真知子）

コーディネート・ノート

手持ちの服をノートに描いて色を塗り、紙の上でコーディネートしています。こうすると、ついつい増えてしまう着ない服も減って、衣替えや、お出かけの時の服選び、季節ごとの買い足しもスムーズです。

（埼玉県・高橋千明）

ミニタオルで

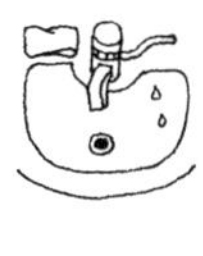

頂き物の、ついたまってしまうミニタオルは、使い道に困りますが、わたしは洗面台に置き、水滴を拭き取るのに使っています。小さくて使いやすく、あまり汚れないので、他の物と一緒に洗濯もできます。

（東京都・佐竹美奈）

メモの捨て時

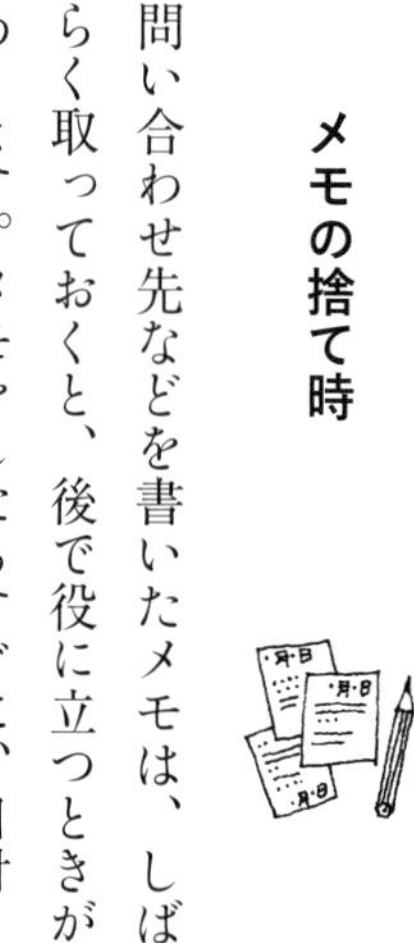

問い合わせ先などを書いたメモは、しばらく取っておくと、後で役に立つときがあります。メモをしたらすぐに、日付と

内容を書いて、決まった場所にしまい、期間を決めて捨てるようにしています。
（東京都・田中万紀子）

ミント緑茶

緑茶を淹れるときに、一緒にフレッシュのミントを入れると、清涼感のある緑茶が楽しめます。モロッコでは、これに砂糖を入れて飲まれているそうです。
（東京都・中田まり子）

先取りプレゼント

誕生日プレゼントは、日が迫って焦って探してもなかなか見つかりません。「あの人にぴったり」と思うものが見つかったら、その場で手に入れて、次の誕生日まで大切にしまっておきます。
（東京都・町田怜子）

煮汁に高野豆腐

煮物を作ったとき、鍋に残った煮汁に、もどした高野豆腐を入れます。肉や野菜のうまみがたっぷり出た煮汁をぎゅっと

含んでくれて、最後まであますところなく美味しくいただけます。

（神奈川県・久保奈美子）

焼き野菜

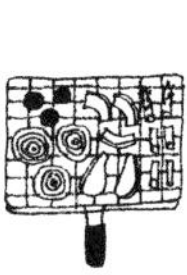

焼き網で野菜を焼くとき、水気を拭き取った野菜をバットに入れ、少量の油をまぶしてから焼くと、香ばしく焼きあがります。茹でたり、生でいただくことの多い、アスパラガスやプチトマトなどを焼き、塩をふれば、いつもとちがう美味しさです。

（東京都・川添よう子）

昔の服を

昔着ていた服を捨てる前に、娘や若い知り合いに見せています。意外と、着てみたいと言われ、今ふうの着こなしをしてくれるので、思い出の服を捨てずに済んで、うれしいものです。

（東京都・田中怜子）

メールに写真

久しぶりにメールで連絡する相手には、近況報告も兼ねて、携帯電話で撮った写真を添付して送っています。写真は、自分や、最近お気に入りのものなど、特別

なものでなくて良いのです。相手からの返信も楽しみです。

（群馬県・富田智美）

枕元にお水

お酒を飲んだときに限らず、夜中に喉が渇いて困るときがあります。そこで、小さなトレーにコップ一杯のお水を載せて枕元に置くようにしました。お客さまが泊まりに来たときにも喜ばれます。

（東京都・飯島佑実）

短い前髪

短い前髪は、顔を明るく見せるので、「若いわね」「いつも元気ね」と、笑顔になれる言葉をかけてもらえる確率がグンとあがります。ただし、思い切りが必要。スパッと短く、度胸が大事です。

（鳥取県・塩　かおり）

キャラメルソース

コーヒーに温めた牛乳を入れ、キャラメルソースをかけると、家でもキャラメルラテが楽しめます。キャラメルソースの

作り方です。鍋にグラニュー糖200gと水大サジ2杯を入れて火にかけ、焦げないようにゆすりながら色がつくまで煮詰めます。好みの色になったら火を止め、生クリーム200㎖を勢いよく加えて木ベラで混ぜます。消毒した瓶で1週間ぐらい保存できます。ケーキやアイスにかけても美味しいです。

（青森県・崎田朋子）

お香をトイレに

お香はトイレに置くだけで消臭効果があります。急いで臭いを消したい時は、1本火をつけると良いでしょう。あとで火を消すのを忘れずに。

（東京都・坂下真知子）

ドアの音

何気なくドアを閉めると、バタン、と意外に大きな音がするときがあり、他の人をびっくりさせてしまうことがあります。そこで、普段から、最後まで取っ手を持って、ドアを静かに閉める癖をつけることにしました。

（東京都・高田由子）

フルーツのストライプ

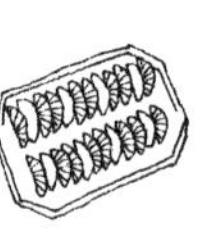

皮をむいて房にしたグレープフルーツ、ルビーグレープフルーツ、それと同じ大きさに切ったリンゴを、一切れずつ順番

に並べるように大皿に盛ると、フルーツのストライプができ、目にも楽しめます。

（東京都・山本麻由美）

ボタンで瓶を

口が狭くて中に手が入らない瓶を洗いたいときは、水と一緒にボタンや大きめのビーズを何個か入れて振るときれいになります。着なくなったシャツがあればボタンをとり、瓶洗い専用に台所に用意しておくと便利です。

（北海道・西村亜貴子）

葉っぱのしきり

お弁当をつめるとき、おかずとおかずの間を、緑の葉っぱで仕切るようにしています。アルミホイルカップなどとは違った雰囲気が楽しめます。笹の葉、えごまの葉、大葉などを、濡らしてから使うのがおすすめです。

（東京都・山本佳代）

タバスコを少し

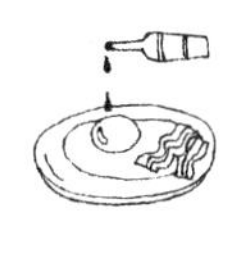

ピザやパスタに数回使っただけのタバスコがキッチンにありませんか。スクランブルエッグや目玉焼きといった卵料理に

数滴たらすとおいしいものです。チャーハンの味がなんとなくぼやっとしてしまったときもタラリとたらしてみてください。タバスコはお酢と唐辛子、塩でできていますので、味が引き締まります。少しずつ味見しながら使いましょう。小さなお子さんのいるご家庭では特に注意してください。

（岐阜県・上里敦子）

下ろし金の始末

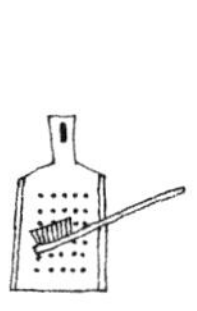

下ろし金に残った野菜や果物の繊維は、スポンジやたわしではなかなかきれいに落ちません。そんなときは、歯ブラシを使うと、きれいに落ちます。洗い終わったら、ふきんで拭くと絡まりますから、熱めのお湯をかけて水気を切り乾燥させましょう。

（埼玉県・松田里香）

豆腐の前菜

よく冷えたトマトと絹ごし豆腐を同じ厚さにスライスして、オリーブオイルと塩こしょうをかけて食べると、イタリア料理の「カプレーゼ」風のおいしい前菜ができます。

（東京都・田中万紀子）

タクシーの忘れ物

タクシーに乗ったときに、忘れ物をしてしまったことがあります。それ以来、タクシーに乗ったら、荷物を自分の体の左側に置き、降りるときに気がつくようにしています。

（東京都・佐田清子）

キャンドルの手入れ

キャンドルは手入れをすると長持ちします。芯の周りは埃がたまらないようにしましょう。埃がたまると、すすが出たり、炎の勢いが強くなったりします。また、火が小さくなったときは、一旦火を消して、ロウの液だまりを新聞紙の上などに捨てるか、芯の周りをスプーンなどで削ってみます。黒くすすけた芯の先端を切れば、炎の大きさは安定します。

（山梨県・豊田万里子）

旅先から

旅行に出かけるときには、アドレス帳を荷物の中に入れるようにしています。旅先で気に入ったポストカードを見つけたら、すぐに友人に送ることができるからです。国内旅行の場合は、切手を数枚一緒に持っていくとさらに重宝しますが、

海外でもホテルのフロントに頼んで投函してもらったり、外出のついでに郵便局に寄るなどして送ります。受け取った友人たちも喜んでくれます。

（神奈川県・杉本直美）

レシピカード

雑誌やテレビを見て作った料理が家族に好評で、定番メニューにしたいと思うことがよくあります。そんなときは、買い置きしているポストカードに材料と簡単な調理法を書いて、自分だけのレシピカードを作っています。カードをまとめて、キッチンの見やすいところに立てかけておけば、いちいち本や雑誌を開かなくてもいいのでとても便利です。またレシピとして使用しないときでも、ポストカードの絵や写真が目に入り、気持ちも明るくなります。

（愛知県・久保下眞弓）

タワシに変身

フルーツをくるんでいる、キズ防止用の発泡スチロール製ネットは、簡易タワシとして再利用できます。作り方は、ネットを縦に二つ折りにして、中心に輪ゴムを巻きつけるだけ。流しのちょっとした汚れを落としたりするのに重宝します。

（兵庫県・藤野乃里子）

少量ならおたまで

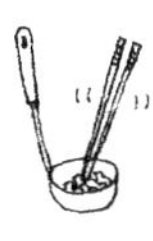

お弁当などで、少量の炒り玉子を作りたいときには、大きめのおたまが便利です。ステンレスなどの直火にかけられる素材なら、フライパンよりも火の通りが早いので、あっという間に完成します。火加減を弱めにするのが失敗しない秘訣です。

（広島県・高木晴子）

縦置きで新鮮に

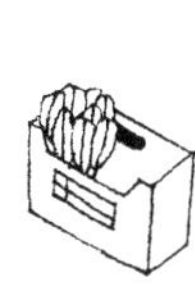

野菜は縦にして保存をすると新鮮に保てると聞き、実践しているのですが、葉物の野菜など背が高いものは、上手に縦にできずに困っていました。そこで１００円ショップなどで売っている、プラスチック製の書類スタンドに野菜を入れ、野菜室の中でもっとも高さのあるところで使ってみました。野菜が倒れることなく、上手に縦になりますし、どの野菜がどれくらい残っているかも一目瞭然でとても助かります。

（福岡県・野田美和子）

ハギレでテープ

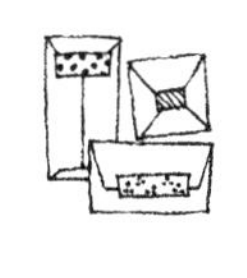

裁縫をするとハギレが出ますが、気に入った布だと捨てるのが惜しいものです。思いついて、ハギレの裏面に両面テープ

を張り付けてから形を整えて、ハギレテープを作ってみました。贈りものをラッピングするときや、手紙に封をするときのセロテープ代わりに、作ったハギレテープを使うと、おしゃれに見えるし、何より生地を無駄にすることがなくなり嬉しい限りです。

（岩手県・高橋佳織）

かまぼこ板で

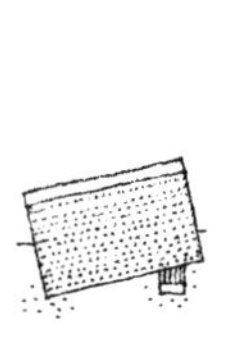

まな板は洗った後、流しの水道の後ろに立てかけたりしますが、流し台に触れる下の側面は乾きにくく、黒っぽくなります。まな板の一方をかまぼこ板などの上に乗せて少し高くすると、風が通りやすく、じめじめしません。まな板もかまぼこ板も時々太陽に当ててよく乾かします。

（東京都・杉村民子）

換気扇のネジ

換気扇の掃除をするときに、外したネジをなくしたことがあります。ペットボトルなどに少量の水と中性洗剤を入れて、ネジを浸けておけば、なくす心配がありません。また、浸けている間に油汚れが浮いてくるので、ふたを閉めたペットボトルを振れば、ネジがきれいになります。

（東京都・白石優子）

シソを一緒に

キャベツの千切りに、シソの千切りを混ぜると、色も香りもよくなって、食欲をそそります。シソの薄い葉をきれいに混ぜ込むのはやっかいですが、キャベツの葉の間に挟んで切れば、簡単に混ぜることができます。

（東京都・加川厚子）

家族へのお薦め本

リビングに、家族に読んでもらいたいお薦めの本を置く本棚を設置しました。家族それぞれが、読み終えた本を置き、他の人は、気になる本をそこから持っていくのです。まったく知らなかった本との出会いや、何十年も前に読んだ本との再会が楽しめます。家族の関心や好みがわかり、会話のきっかけにもなっています。

（千葉県・倉持啓子）

割りばしでストップ

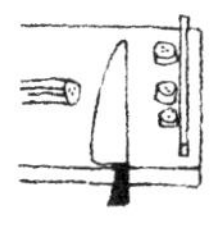

キュウリなど、小さなものを輪切りにすると、コロコロと転がって、まな板から落ちてしまうことがあります。まな板の右すみに割りばしを置いてから切ると、割りばしがストッパーになって、落ちることがありません。

（兵庫県・穴田敏子）

お先にどうぞ

スーパーでたくさんの商品をかごに入れて、レジに並んでいるとき、後ろの人は、1〜2品くらいで会計待ちをしている場合があります。そんなときは、笑顔で「お先にどうぞ」と、順番を替わるように心掛けています。小さなことですが、お互い気持ちよく買い物ができます。

（佐賀県・樋口増美）

変わり揚げ

天ぷらの材料がやや少なめのとき、細かく折ったソーメンを衣に入れると、ボリューム満点の変わり揚げができます。また、フライを揚げるときには、ポテトチップやお煎餅を細かく砕き、パン粉代わりにすると、そもそも美味しい味が付いているので、風味満点の揚げ物になります。

（新潟県・佐藤初枝）

ホコリよけに

土鍋や圧力鍋などの、たまにしか使わない大きな鍋類は、食器棚の奥にしまいこみがちです。たまに使おうと思って取り出すと、ホコリをかぶっていることがよくありました。そこで、シャワーキャッ

プで全体を覆うようにして、食器棚にしまうようにしたら、汚れやホコリがつかず、きれいに収納ができました。

（神奈川県・桂　由美子）

バッグに懐紙

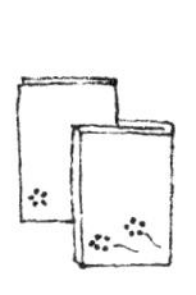

外出するときに、バッグの中に懐紙を入れておくようにしています。手をふいたり、いただきものを包んだり、メモ代わりに使うこともできます。素敵な柄が入った懐紙は、初めてお会いした方に、自分の名前などを書いて渡すと、おしゃれな名刺代わりにもなり、重宝していま す。小さなものなので、バッグの中で邪魔になることもありません。

（大阪府・水谷てる子）

おこわを作るときに

おこわを蒸すときには、真ん中をくぼませます。蒸気は通りやすく、熱はまわりやすくなり、ふっくらと蒸すことができます。

（兵庫県・穴田敏子）

海外旅行の際に

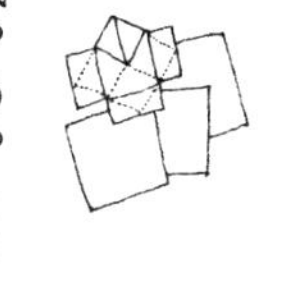

海外に行くときは、折り紙やあやとりの糸を持っていきます。現地の方とのコ

ミュニケーションにもひと役かってくれますし、日本の文化を伝えることもできます。

（愛知県・中川弘美）

山いもの保存

山いもは多めにすって、すぐに食べるぶん以外は、小分けにして冷凍しておくと重宝します。解凍して、そのまま食べてもいいですし、お好み焼きに入れたり、豆腐と混ぜてがんもどきを作ったりと、手軽に活用することができます。

（長崎県・山下活子）

衣類の毛玉取り

衣類の毛玉を取りたいときは、片面が固くなっている台所用スポンジを使います。固い部分で毛玉を軽くこすると、簡単に取ることができます。

（静岡県・鈴木美耶）

虫食い対策

防虫剤を入れた古いストッキングを、ドライヤーの吹き出し口に輪ゴムでとめ、冷風を出して10分ほどカラの衣装ケースに吹き付けると、防虫効果がアップします。衣装ケースを買ったらすぐ行い、さ

らに、衣替えごとにやるといいでしょう。

（埼玉県・佐藤静香）

ピンクッションに

ピンクッションを作るとき、綿と一緒に、ろうそくを削ったものを入れています。針がろうでしっかりとコーティングされて錆びにくくなりますし、すべりもよくなります。

（東京都・成田真奈美）

手作りラッシー

カレーを作ったときは、必ずラッシーを手作りします。ヨーグルト（加糖）50gにレモンのしぼり汁を少々加え、よく混ぜます。そこに牛乳200㎖を入れ、混ぜれば出来上がりです。甘いのが好きな方は蜂蜜を少し加えてもおいしいです。

（東京都・菊川真澄）

手作りのしおり

15㎝くらいの無地のリボンに刺しゅうをほどこして、しおりとして使っています。刺しゅうをすることで、リボンの厚みが増し、ページが開きやすくなりますし、見た目にも素敵なしおりになります。

（東京都・橋本良子）

スプーンのくもりに

くもってしまったスプーンは、乾いた柔らかい布に練り歯磨き（塩が入っていないタイプ）をつけて磨くと、輝きを取り戻すことができます。スプーン以外に、トースターなどの金属部分にも同じ効果を発揮します。

（愛知県・志田紀美子）

油汚れに

べたつくコンロの油汚れは、お茶や紅茶の出がらしのティーバッグに、お湯を含ませて軽くこするだけで、きれいに落とすことができます。油のいやなにおいも消してくれます。

（京都府・松本まどか）

化粧パフの汚れに

水カップ1杯に重曹を大サジ1杯加えます。そこに汚れた化粧パフを一晩つけておくだけで、汚れが浮き上がってきます。あとはきれいな水ですすぎ、乾燥させます。週に1回程度洗うと、化粧パフを清潔に保つことができます。

（佐賀県・樋口増美）

急な出費に

五千円札を小さくたたんで、定期入れなど財布とは別のところにしまっておきます。財布を忘れたときや、スーパーなどで急なまとめ買いをする場合、所持金が不足してしまう心配がありません。

（埼玉県・斎藤孝代）

手作りのドライハーブ

使いきれずに余ってしまったローズマリーやオレガノは、電子レンジで簡単にドライハーブにすることができます。ペーパータオルにハーブをはさんで、６００Ｗの電子レンジで1分ほど加熱します。さらに上下を返して30秒ずつ、様子を見ながら加熱します。ハーブがよく乾燥したら出来上がりです。密閉容器に入れておけば、しばらく保存できます。

（奈良県・田口まり）

靴の収納に

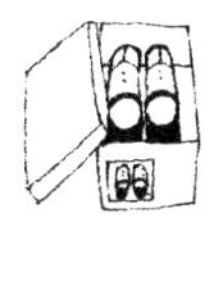

季節はずれの靴や、普段は履かない靴などを、購入時の靴箱に収納しています。靴の写真を箱の外に貼り付けておくと、箱を開けなくても、ひと目で見つけることができます。

（岩手県・結城真知子）

買い物は時間を決めて

スーパーなどで毎日の食材を買うときは、無駄遣いを防ぐために、お店にいるおおよその時間を、10分などと決めてから入店します。衝動買いを防げますし、時間の節約にもなります。

（青森県・多田葉子）

旬の食材カレンダー

家のカレンダーに、月ごとに旬の野菜や魚などを書き込んでいます。献立に悩んだときのヒントになりますし、今月まだ食べていない食材など、チェックすることもできます。子どもたちにも、食事を通して季節の変化を伝えられます。

（三重県・松田英恵）

りんごの皮で元どおり

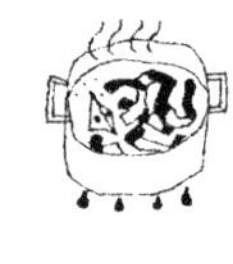

アルミ製の鍋が黒ずんでよごれてしまったら、水をはった鍋にりんごの皮と芯を入れます。そのまま火にかけて15分ほど沸騰させれば、アルミ鍋がきれいになります。お酢やレモンの輪切りでも同様にできます。

（愛知県・佐久間美子）

お弁当サイズで冷凍

ごぼうのきんぴらや切干大根の煮付けを多めに作って、お弁当につめるときに使う小さなカップに入れて、冷凍しておきます。凍ったまま弁当箱に入れれば、食べるときには自然解凍されています。カップにつめ替える手間が省けるので、朝の忙しい時間には助かります。

（岐阜県・後藤百合子）

ハンガーに洗濯バサミ

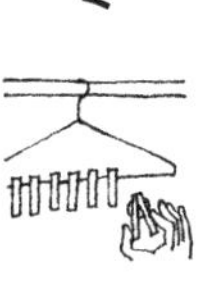

一つのハンガーに洗濯バサミを並べて挟んでおくと、洗濯ものを干すときに手軽にベランダに持っていくことができ、また何個あるかがひと目で分かる点も便利です。洗濯ものといっしょにそのハンガーを物干し竿にかけておき、取り込む際に洗濯バサミを外したら、また元のように挟み、部屋の中へ。洗濯バサミの汚れや劣化が防げます。

（広島県・梶田佐知恵）

スペアのボタン

ボタン付きの洋服には、ビニール袋に入ったスペアのボタンが付いているものですが、仕舞っておくうちに、どの洋服のものだったか、分からなくなることが

あります。ボタンの袋に、服のブランド名が記された値札も入れておくと、これを防げます。

（兵庫県・難波登志子）

鶏肉の皮を味出しに

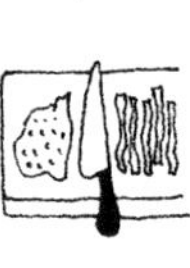

皮つきの鶏肉を買ったら、皮ははがして細切りにし、冷凍保存しておきます。炒め物やチャーハン、炊き込みご飯などに使うと、コクが出てとてもおいしいです。

（東京都・菊川真澄）

たまには煮洗い

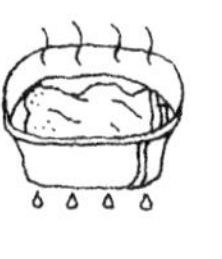

洗濯機にかけただけでは落ちない、黒ずんだ白いタオルを煮洗いしてみました。ステンレスの洗い桶に、タオルと水、洗濯洗剤、粉末の酸素系漂白剤を入れてコンロにかけ、ぐつぐつと1時間ほど煮ます。吹きこぼれないよう、火加減は調節してください。最初は泡がたくさん出るので、溢れないよう水は少なめに、泡が出なくなったら水を増やして煮るのがコツです。バスタオルなどの大物は、2回煮洗いすると大分きれいになります。

（千葉県・多田 忍）

掃除機のノズル

ベランダや玄関のたたきの掃除に、掃除機を使いたいときがありますが、土足で歩くところにノズルを直接当てるのは抵抗があります。そこでトイレットペーパーの芯をノズルの先に取り付け、先をななめに切り、掃除機をかけてみました。ノズルと芯の直径が合わない場合は、ガムテープで固定します。汚れたら捨てられるので、思いきり掃除機が使えます。

（静岡県・萩原くみ子）

開封日を書いて

一度に使い切れない乾物や製菓材料などの袋には、開封した日を目立つように書いておきます。製品にある賞味期限は、開封前を基準にしているので、開封したら早めに使い切るようにしています。

（神奈川県・杉本直美）

旅から帰る時間

旅から帰る日は、つい名残惜しく、午後まで遊んで帰途につき、遅い時間に家に着くのが常でした。しかし先日、ちょう

どいい時間に新幹線がとれず、仕方なく午前中の便で帰ることに。いつもはしんみりするのですが、朝の空気のおかげか、心は晴れやかなまま。家に着いてからもたっぷり時間があり、旅の疲れを癒やせました。うれしい発見です。

（東京都・金沢直子）

お猪口活用

器としては出番の少ないお猪口。私は調理中の道具として活用しています。少量の調味料を合わせたり、刻んだ薬味類を取り分けておくのに、場所を取らず便利です。

（愛知県・野崎まこと）

楽しい出会い

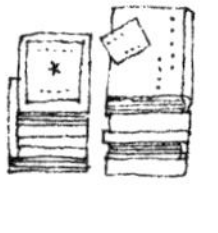

図書館で、今まで読んだことのないジャンルの本を、貸し出し上限の10冊借りてみました。目に付いたものを適当に借りましたが、様々な発見があり、それまで知らなかったこととの出会いを楽しんでいます。

（宮崎県・高八重まゆみ）

レタスの外葉で

レタスやキャベツの外側にある大きな葉は、硬くて食べにくいので、捨てる方も多いのではないでしょうか。私は食べ終

わったお皿の汚れを拭き取るのに使ってから捨てています。水も節約できます。

（東京都・角田トシ）

絵手紙を出す

毎月1回、絵手紙を描いて出しています。施設に入っている90歳の母、家を出た長女夫婦、遠い地で働いている次女へ、私からの応援メッセージを届けます。不思議と心が落ち着きます。

（福島県・渡部京子）

使いやすい器

すてきだなと思って買った器の出番が少ないと、悔しいもの。そこで、わが家でよく使う器を調べてみることに。大きさ、深さなどを測り、その後は同じような形の器を買うようにしたところ、失敗がなくなりました。現状を把握すると、足りない器も見えてきます。

（和歌山県・田所雅恵）

お膳だて

献立が決まったら、まずお皿や小鉢、取

り分け用のスプーンなども準備して、調理に取りかかります。器が出ているとすんなり盛り付け・配膳ができ、ウキウキ気分になります。

（北海道・浅井紀子）

ホワイトボードマーカー

冷蔵庫にある保存容器を見て、「さて何を入れたかな？」と分からなくなることがあります。それを防ぐため、ホワイトボード用のマーカーで容器に中身を書いておきます。ホーロー、プラスチック、ガラスにも書けて、洗えばするりと落ちます。加熱すると落ちにくくなるので、気をつけましょう。

（岐阜県・棚瀬史恵）

手のひらを広げて

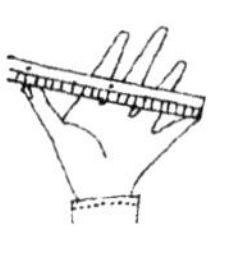

手のひらを広げ、小指の先から親指の先までの長さを測ってみましょう。私は約20㎝。これを覚えておくと、例えば買い物中に見つけたアンティークの木箱やおしゃれなバスケットなど、サイズが明記されていなくても、ざっと大きさを測ることができ、自宅の収納棚に収まるかどうか、見当をつけることができます。

（東京都・船津たえ）

雑誌を季節ごとに

愛読している雑誌は、本棚に古い順に並べることが多いものですが、私は季節ごとにまとめて並べています。旬の素材や季節の行事など、数年分のストックからたくさんの情報を得ることができます。

（東京都・山中恵子）

刺しゅう糸でぞうきん

半端に残った刺しゅう糸が溜まっていたので、ぞうきんを縫うのに使ってみました。途中で糸の色が変わるので、とても楽しい仕上がりに。糸を3〜4本取りにして縫えば、しっかりとした1枚になります。

（大阪府・浦野順子）

読書ノート作り

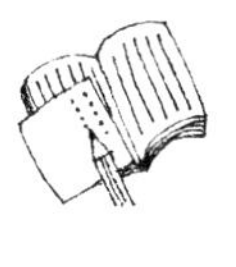

本を読むときは、栞の代わりに白紙をはさみ、文中の心に残った言葉を書いておきます。また、わからない言葉もメモし、あとで意味を調べて書き加えます。読み終えたら、本の題名と日付、感想を書いて綴ると、立派な読書ノートになります。

（福岡県・加藤フタミ）

洗剤の見直し

シンク用、トイレ用、風呂場用などなど、用途別に洗剤を揃えると、それだけで収納棚がいっぱいになってしまいます。そこで、さまざまな掃除に使える重曹とクエン酸に替えてみました。シンクやコンロまわりには主に重曹を、トイレや風呂場には主にクエン酸を使っています。どちらも、環境にやさしいのもうれしいところです。

（東京都・上田真理）

簡単チャーハン

餃子のタネが余ってしまったら、ご飯と炒め合わせてチャーハンにしてみてください。タネには野菜やお肉が入っているので、あとは玉子を足す程度で充分です。しょう油、または塩のシンプルな味つけで、満足感のあるチャーハンが出来上がります。

（東京都・平良ちさと）

旅支度にS字フック

旅行するときは、小さめのS字フックを持っていきます。新幹線やレンタカーの座席でゴミ袋をかけたり、ホテルのバスルームにポーチをかけたりできるので、重宝します。

（埼玉県・内田良子）

洗濯物干しの工夫

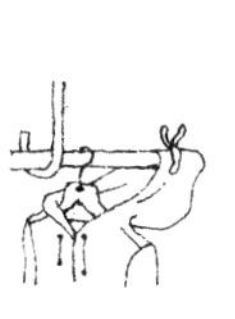

フード付きの洗濯物を干すときは、ハンガーにかけ、竿の一番端に吊るします。フードの部分を竿の先端にかぶせて、洗濯バサミで留めると、フードが背中に重ならず、速く乾きます。

（千葉県・若月美千代）

捨てる前にひと仕事

履き古した靴下は、捨てる前に一度洗って、靴磨きに使います。靴下を手にはめて使えば、手を汚さずに、細かな部分まで磨くことができます。

（愛知県・新川由紀）

豆の保存に

豆類を保存する容器には、きれいに洗って乾燥させた空き瓶やペットボトルがおすすめです。虫が入りにくく、フタの開け閉めも簡単、中身を少量ずつ取り出せるので便利です。オシャレな瓶に入れて、目に留まるキッチンカウンターなどに置くと、何か愛らしく、心が和みます。

（京都府・北岸啓子）

ハンカチを忘れない

出かけるとき、忘れずに持っていきたいのがハンカチです。私は、まとめて玄関に置いています。家を出るときに、その日の服装に合った一枚を選べますし、お気に入りの行李（こうり）や箱に入れておくと、インテリアとしても素敵です。

（栃木県・畑中京子）

野菜で焦げつき防止

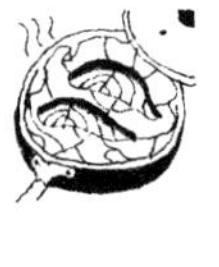

肉や魚のみそ漬けは、フライパンで加熱すると焦げやすいもの。キャベツなどの葉物野菜をしき、フタをして加熱すると、焦がすことなく蒸し焼きにできます。シュウマイもこの方法で手軽にできます。

（青森県・堀内佳奈）

フードを被る前に

フード付きのカッパは雨の日に重宝しますが、フードが目にかかり、視界が遮られるのが気になっていました。そこで、

ツバのある帽子を被ってからフードを被るようにしたところ、ツバがストッパーになり、視界良好になりました。

(大阪府・浦野順子)

アイロンの余熱で

アイロンはプラグを抜いた後もしばらく熱を保っています。その余熱で、薄手のハンカチをプレスしています。冷めるのを待つ時間の有効利用にもなります。

(広島県・小谷めぐみ)

キッチンの油汚れに

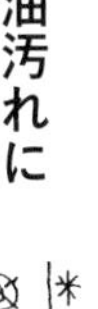

アルコールには油汚れを分解する作用があります。ビールや発泡酒を飲み残したら、布に染み込ませ、五徳やコンロを磨くのに使っています。ビールのにおいも残らず、油汚れがすっきり落ちます。

(滋賀県・竹中敏晃)

手軽なムース風デザート

豆腐1丁とバナナ1本をミキサーにかけるだけで、ムースのような食感のデザートが出来上がります。豆腐は木綿、絹ご

しのどちらでも。ハチミツや氷を入れてもおいしく、食欲がないとき、時間がないときには食事の代わりにもなります。時間がたつと色が変わるので、早めに召し上がってください。

（静岡県・青山満喜）

ながらスクワット

運動の習慣をつけるのは難しいもの。そこで洗濯物を干すときにできるスクワットを考えました。カゴの中の洗濯物を取る際、一回一回しゃがむだけ。わざわざ時間をとらずに、毎日運動できます。

（愛知県・大久保保子）

買い置きのめやすに

1回では使いきれない食品を開封するときは、その日の日付を記入します。すぐに使いきるもの、なかなか使いきれないものが具体的にわかり、買い置きをするときのめやすになります。

（石川県・西ノ原主基子）

冬の章

一品で二品に

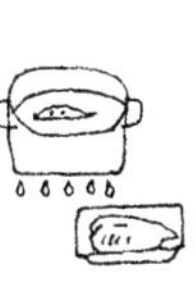

トリ肉のムネ肉やモモ肉を使った照り焼きやソテーはおいしいものですが、厚みがあって中まで火が通っているか心配になることがあります。そこで沸騰したお湯で5分くらい茹でてから焼くと、火の通りも早く、余計な脂も抜けてヘルシーに。茹で汁も好みの野菜を入れ、塩、コショー、しょう油、ごま油で味付けするとチキンスープになります。

（千葉県・伊能恵美）

襟首にバイアステープを

Tシャツの襟首に、内側からバイアステープを縫い付けておくと、だらんと伸びることがありません。適度に伸びたところでテープをつけるか、新品の場合は肩の線で2㎝くらいすきまを作って縫い付けます。

（徳島県・嵯峨山あかね）

甘露煮に

川魚を甘露煮にする時、子どもの大好きなキャラメルを入れて作ってみて下さい。まろやかでコクがでて、とてもおいしい甘露煮になります。

（岐阜県・栩川みね子）

ひざ掛けにマジックテープ

ひざ掛けをウエストにあわせて巻き、ちょうどいいところにマジックテープを縫い付けます。簡単に留められ、立ち上がったときにずり落ちたりせずに暖かく過ごせます。マジックテープは両面がソフトなものを選ぶと触れても痛くありません。

（愛知県・森田里美）

お花屋さんで

花束を作ってもらう時、予算と色の好み以外に、どんな人に、なぜ贈りたいのかを伝えます。するとはじめてのお店でも話がはずみ、「それならこの花を。○○な方なら喜ばれるのでは？」と一味違う思いやりのこもった花束を作ってもらえます。

（千葉県・後藤綾子）

タオルで枕カバー

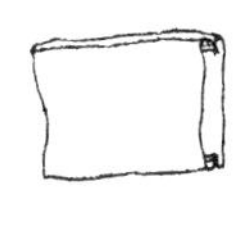

いただきもののタオルがたくさんあったら、二つ折りにして端をミシンで縫い合

わせると、小さめの枕がすっぽり入って手頃な枕カバーができあがります。色も柄も豊富で重宝しています。

（大阪府・速水峰子）

こんにゃくは

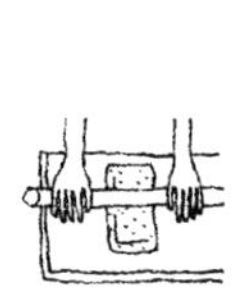

こんにゃくを炒めたり煮たりするとき、味がしみこみやすいようにビンやすりこぎで叩きますが、狭い台所では叩く音がうるさくて響きます。こんにゃくをまな板にのせ、すりこぎや麺棒で生地をのばすように動かすと、静かに砕くことができます。

（鳥取県・加川明子）

鍵をなめらかに

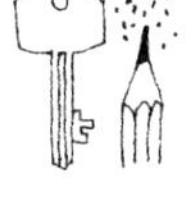

玄関の鍵が抜きにくいなど、施錠しにくいことがあります。そんな時は、鉛筆の芯をナイフで削り、その粉を鍵にまんべんなく擦り付け、鍵穴に差し込み左右に回して、また芯を擦り付ける、を繰り返します。すると、なめらかに鍵が回るようになります。近所の鍵屋さんに教えてもらいました。

（東京都・星屋真理子）

はちみつ風呂

寒い時期のあかぎれや、紙に触れる仕事

で、気がつけば手が切り傷だらけ。こんなときは、入浴剤代わりにはちみつを大さじ1～2杯ほどお風呂にたらします。荒れたお肌もしっとりします。

（東京都・橋上直子）

新聞の広告

新聞には毎日多くの広告が挟まっていま す。わが家はほとんど見ないので、思い切って販売店に頼んだところ、広告なしでも大丈夫、とのこと。新聞のみの配達は、思った以上にすっきりしました。

（香川県・柳絵里子）

まな板にキッチンペーパー

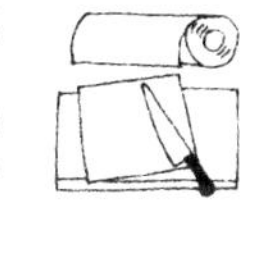

長芋の千切りなど、ネバネバしたものを切るとき、まな板にキッチンペーパーを敷いてから切ると、すべることもなく切れて、まな板もぬるぬるしません。

（北海道・浅井紀子）

焼きイモに

焼きイモにピーナッツバターをつけてみて下さい。コクが出て一味違います。イモ自体が甘くない場合も美味しくいただけます。

（徳島県・嵯峨山あかね）

ボールの水

ハンバーグをこねたり、フライの衣をつけるとき、あらかじめ水を入れたボールを用意しておきます。そうすると、ひとまずベトベトの手が洗え、蛇口を汚さずに済みます。
（埼玉県・足立晴美）

天ぷら衣に焼酎

天ぷらの衣を作るとき、水の代わりに焼酎を使うと、からっとサクサクに揚がります。焼酎のアルコール分は飛ぶので、お酒を飲まない方も大丈夫です。焼酎の香りが気になる方は、水に焼酎を少し混ぜるだけでも効果はあります。
（徳島県・足立生子）

アルバム整理

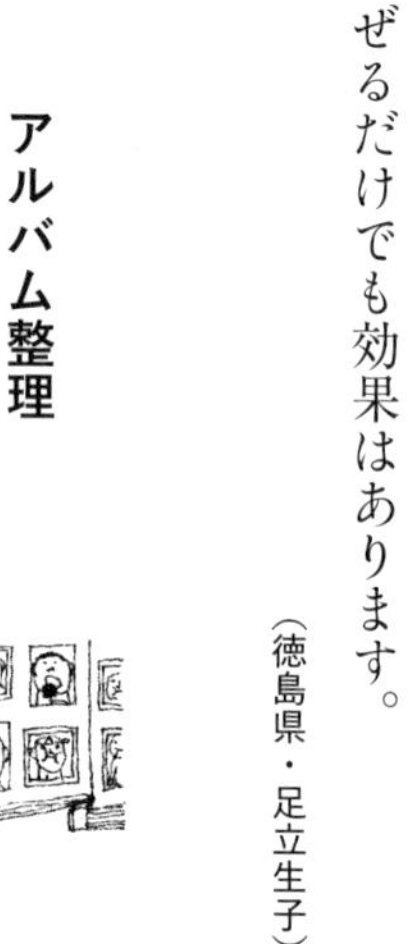

たまってしまった子どもの写真を、時系列ではなく、「食べる」「野球」「眠る」など、テーマ別にまとめてみたら面白いものができました。赤ちゃんの頃と、反抗期の写真が並ぶと、感慨深いものがあります。
（神奈川県・石川育代）

柑橘ドレッシング

ドレッシングを作るとき、レモンのかわりにライムやグレープフルーツ、かぼす、柚子など柑橘類の搾り汁を混ぜると、いつもと違う味が楽しめます。3種類ほど混ぜると、さらに味に深みが出ます。

（神奈川県・上田みづえ）

包装紙を

すてきな柄の包装紙をもらうと、封筒をつくっています。柄の強いものは、柄を内側にすると、外側にうっすらとすけて見え、また、封を開けたときにさりげなく柄が見えて上品です。

（山梨県・吉田広乃）

冷凍野菜の具

袋入りのなめこが大安売りをしていました。余ったら傷むし……、と迷っていたら「そのまま冷凍して、凍ったままの中身を沸騰したダシに入れれば味噌汁になるよ」と八百屋さんが教えてくれました。なめこ好きの我が家では、たいへん重宝しています。おくらも、さっとゆがいて切ってから冷凍すると、そのまま使えます。

（茨城県・丸山絵麻）

器を変えて

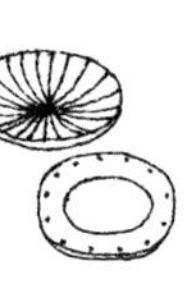

同じカレーを盛るのでも、和食器と洋食器では、ずいぶんと印象が変わります。残り物を食べるときは、器を変えてみると、雰囲気が変わり、同じ料理でも、新鮮な気持ちでいただけます。

（北海道・浅井紀子）

お菓子の箱

揚げ物をするとき、バット代わりに頂き物のお菓子の紙の空き箱にキッチンペーパーを敷き、揚げ物を受けます。バットを洗う手間も洗剤も省け、捨てる前に有効に使うことができます。

（北海道・畠山裕子）

ジャムを使い切る

手作りジャムは美味しいのですが、早く使い切りたいもの。ジャムとして使う他にも、甘酢の砂糖代わりに使うとさっぱりした仕上がりになります。カレーを作るときの隠し味として、またチャツネ代わりにも使えます。柑橘系なら、醤油と混ぜて焼肉のたれにもなります。甘味の少ない市販のジャムでも同じようにアレンジできます。

（京都府・中出あゆみ）

礼服を着た後は

洗濯機洗いや手洗いができる礼服は、着用する度に汗などの軽い汚れを自宅で洗っておくと、クリーニングの回数を減らすことができます。礼服を裏返しにして袖も出し、ハンガーにかけ、お風呂場でシャワーの水をまんべんなくかけ、水が滴るようにします。流し終わったら30秒ほど軽く脱水をして形を整えて陰干しします。手洗い可の背広やワンピースなども同じ方法で洗えます。

（埼玉県・横内ゆき子）

暖房のコツ

暖房をすると、暖かい空気は軽いので天井の方に集まり、室温にむらができてしまいます。立ち上がると暑く、座ると寒い、という場合は、扇風機を天井に向けて回しておきましょう。また、ファンヒーターのフィルターやストーブの反射板は、汚れがつくと暖房効率が下がるので、こまめに掃除をしましょう。

（東京都・鈴木晴香）

取扱説明書を

洗濯機がこわれて買い替えたとき、思い立って、分厚い説明書をすみずみまで読みました。けっこう面白く、これをきっかけに、家にある電化製品の説明書をあらためて読み返したところ、目からウロコ、これまで知らずにいた便利な機能や、すっかり忘れていた手入れ法などがよくわかり、ときどきは読み直すべきだと実感しました。安全に使い続けるためにも必要です。

（兵庫県・芦田郁代）

ふきんを浴用にも

私は大きめのふきんを、じつは浴用にも使っています。とくに洗った髪を乾かすのに向いていて、台所用と区別するため、ワンポイントの刺繡を入れました。その刺繡もふくめ、お気に入りです。

（東京都・髙橋智子）

急須を使うとき

祖母から、急須でお茶をつぐときは、蓋の穴がつぎ口側にくるようにするんだよ、とよくいわれたものでした。実際、そうすると、つまることとなく、スムーズにつげます。もう一ついわれたのが、お茶の葉を捨てるときには、つぎ口を必ず手前に向けること。つぎ口がシンクなどにあたって欠けることがありません。

（茨城県・藤川もとこ）

顔を上げて

電話で話すときは、なるべく顔を上げて話しましょう。うつむいていると、暗い声になってしまいます。よく電話口で話すとき、1オクターブくらい声が高くなる方がありますが、そうするよりしぜんな明るい声になって、いい印象を与えます。ボイストレーナーの友人に教わったことです。

（京都府・田宮沙織）

缶切りを使ったら

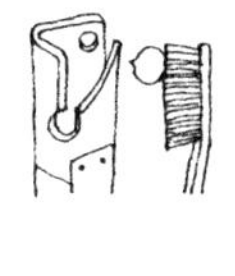

プルトップがふえて、近ごろめっきり出番の減った缶切りですが、そのせいもあって、けっこう錆びたり、汚れたりしています。歯ブラシに歯磨き粉をつけて磨いてください。驚くほどきれいになります。それでもとれない錆は、耐水性の細かな紙やすりを水に浸してから、こすりとります。使ったら水洗いして拭いておくことを習慣に。

（東京都・村田和子）

青唐辛子醤油

私が自作して愛用しているのが「青唐辛子醤油」です。唐辛子の青いのを輪切りにして壜にいれ、上から醤油を注ぎます。2週間ほどすると、風味がうつって使えます。やきめしや炒めものはもちろん、お漬物にかけても美味しいものです。

（兵庫県・安藤浄子）

焼きそばに

焼きそばの麺をほぐすとき、袋ごと電子レンジであたためると、簡単にほぐれて便利だということはご存じでしょう。では麺を焼くとき、1玉につき小サジ1杯程度のマヨネーズを水の代わりにのせるというのはどうでしょう。隠し味にもなって、風味のよい焼きそばが出来上がります。お試しください。

（京都府・中出あゆみ）

マスキングテープを

マスキングテープを付箋代わりに使っています。適当な長さに切ったマスキングテープの上に、ペンで字を書いて貼るだけですが、はがしやすくて便利です。

（青森県・丸田美佐子）

カーテンと一緒に

カーテンを洗うときに、カーテンをかけるプラスチック製のフックを洗濯ネットに入れて、一緒に洗っています。洗濯ネットはあまり大きすぎると、洗濯機が回るたびに、ネットの中でフックが動き、音が気になってしまうので、小さめのものにします。タバコのヤニなどがきれいに取れます。

（埼玉県・青木幸江）

窓つきの封筒で

郵便物で、宛名の部分が透明なフィルムの窓になっている封筒が届くことがあります。その封筒を、草花や野菜から取った種を保存する袋として、再利用しています。適当な大きさに切り、余白に品種名や採種した日付けを記入したら、テープで留め、冷蔵庫に。種の種類や残りが一目瞭然です。

（神奈川県・荒川富美子）

自宅での食事会は

自宅に友人を招いて食事会をするときは、事前にその日のメニューを知らせることにしています。というのも、せっかく腕を振るった料理も、お客さんが「昨日、食べたばかりなの」となってしまっては、

おいしさが半減してしまうからです。事前に知らせておけば、そんなハプニングを避けることができます。それが、私流おもてなし術のひとつです。

（オランダ・平田曜子）

おすすめ薬味

韓国のお友達から、トウガラシを使ったおいしい薬味を教えてもらいました。韓国産の真っ赤なトウガラシの粉末を、保存容器に半分くらい入れます。そこへお好みの量のごま油としょう油を加えたら、みじん切りにしたネギをたっぷり入れます。全体をよくかきまぜ、冷蔵庫で半日以上おいたら、出来上がりです。一時、はやった食べるラー油よりも作り方は簡単です。ご飯にかけてもおいしいですし、いろいろなお料理に合います。私のおすすめは、ふんわり焼いた卵焼きにかける使い方。絶品です。

（東京都・鈴木理恵）

時刻表は携帯で

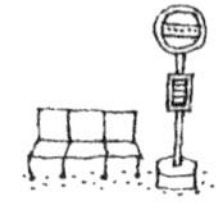

本数の少ない電車やバスの時刻表を、携帯電話のカメラで撮影し、保存していります。手帳などにメモしても、どこにあるか分からなくなったり、必要なときに手元にないこともありますが、携帯ならたいてい手元にあって、時計機能もあるの

で、現在の時刻と時刻表を照らし合わせることもできます。また旅先でも、利用するバスの時刻表を撮影しておけば、乗り遅れ防止に。

（埼玉県・本田紗江）

簡単アームカバー

古くなったり、あまり好みの柄ではない大判のハンカチを筒状に縫います。そして、上下をゴムが通るくらい折り返して縫います。手首と腕回りに合わせて、上下の折り返し部分にゴムを通せば、アームカバーの出来上がりです。縫い代の始末がいらず、簡単に作ることができます。

（北海道・岡田由美子）

新・ヨーグルト

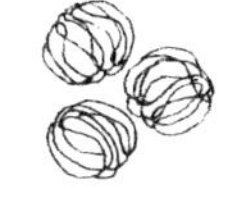

食べきれずに残ったマロングラッセを小さくくずして、プレーンヨーグルトに入れて食べてみたら、とてもおいしくなりました。マロングラッセにかかっているお砂糖が、ヨーグルトにちょうど良い甘さを加えてくれます。同様にアイスクリームに加えてもおいしくいただけます。

（東京都・澤野京子）

セルクル型

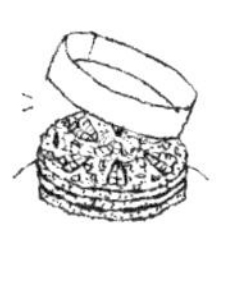

お菓子を丸く平らに作る時に使うセルク

ル型ですが、私はかぼちゃのサラダを盛り付ける時に使ったりしています。ホームパーティでは、何層にも重ねたちらし寿司風の混ぜご飯を作ったのですが、見栄えもよく好評でした。

（東京都・菊川真澄）

本の整理

雑誌のバックナンバーをただ順番に並べるのではなく、季節ごとに分類してみました。その季節に役立つ記事が探しやすくなるので、便利です。同様に、子どもたちの絵本も季節ごとに分類してみたところ、眠っていた絵本も読み返すようになりました。

（兵庫県・芦田郁代）

荷物の間違い防止に

冠婚葬祭の席では、みんな同じような靴やバッグなので、間違えそうになります。そこで、バッグにはスカーフなどでアレンジを加え、脱いだ靴には洗濯バサミをして目印になるようにしました。それからは間違える心配がなくなりました。

（兵庫県・穴田敏子）

レシピ交換会

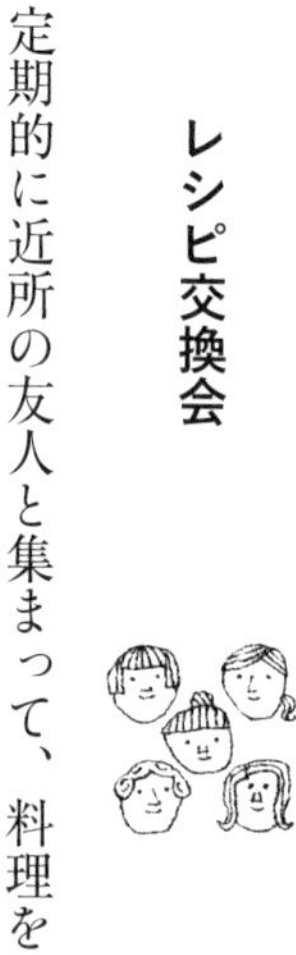

定期的に近所の友人と集まって、料理を持ち寄り、レシピの交換会を行っていま

す。ほかの家庭のご飯の味をのぞける楽しみもありますし、自分の料理の腕をお披露目する機会にもなります。そのため、日々の料理もひと工夫するようになり、家族にも好評です。

（埼玉県・真鍋静香）

自家製お茶漬け

お茶漬け好きな主人のために、食卓にお茶漬けボックスを置いています。容器の内側を仕切って、昆布茶や乾燥わかめ、ゴマなど十数種類置いています。その日の気分によって、味を変えることができるので、毎日飽きずに楽しめます。

（兵庫県・村上文子）

文香を名刺入れに

お気に入りの香りの文香を、名刺入れに入れています。名刺を渡す時に、ほんのりといい香りがするので、初対面の方とのちょっとした話題になり、話に花が咲きます。大きめの文香なら、しおりとして使うのもおすすめです。

（東京都・斉藤みなみ）

アルミホイルで

カーペットの上に置いてある、足つきの家具を動かしたい時は、アルミホイルを

使います。光っている面を上にして、家具の足の下に敷いてから押すと、すべりやすくなります。

（京都府・近藤咲江）

餃子の皮で

お弁当には、アルミカップの代わりに、餃子の皮のふちにひだを作ってカップ型にし、油で揚げたものを使っています。汁気を吸ってくれますし、カップも食べられます。油を使わずに、オーブントースターで作ることもできます。

（岐阜県・加藤沙世）

お風呂のイス

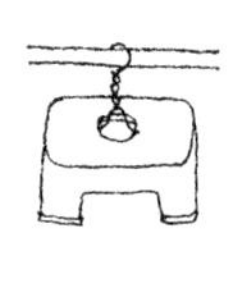

お風呂のイスを裏側までしっかりと乾かすために、イスの真ん中の穴からハンガーのフックが出るようにセットし、物干し竿に干すようにしています。カビに悩むこともなくなりますよ。

（高知県・石川美雪）

魚を焼くときに

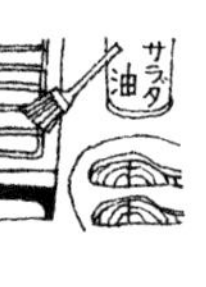

グリルや焼き網で魚を焼くとき、魚をのせる前に網を焼き、サラダ油を塗っておくと、魚がくっつかず、身くずれを防い

でくれます。後片付けもしやすいですよ。（愛媛県・南雲洋子）

にごった油

何度も揚げ物をしてにごった油は、じゃがいもの皮を素揚げすると、皮が汚れやにおいを吸収してくれます。じゃがいもを使う献立の日に行えば、皮まで無駄なく使うことができます。（東京都・山梨則子）

切り花を長持ちさせる

切り花を花瓶にいけるとき、水と一緒に鉄製のヘアピンを一本入れると、花を長持ちさせることができます。（東京都・鈴木みちる）

ぬいぐるみや枕に

ぬいぐるみや枕は、ダニが発生しやすいけれど、丸洗いするのが難しく、困ってしまいます。そのため、ダニが死滅するとされている50℃以上の環境を作るために、黒いビニール袋に入れて、天候のいい日中に外に出します。（奈良県・土田恵子）

まな板のにおい消し

生ものを切った後の、まな板の生臭いにおいには、しょうがが効果的です。切り落とした皮の、切り口部分でまな板をこすると、においを消すことができます。

(栃木県・柿谷沙耶)

おろし金に

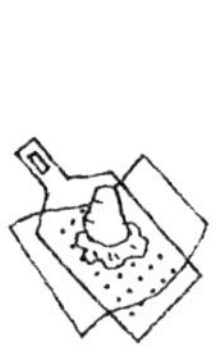

おろし金を使うときは、ラップをしいてからおろすと、目に繊維が詰まることがなく、洗うのも簡単です。しょうがをおろして、そのままラップを使って搾ると、しょうが汁がさっと作れます。

(愛知県・溝口真冬)

料理にひと工夫

唐揚げ、焼き魚のときは、冷蔵庫に入っているさまざまな薬味を細かく刻んで、ポン酢に入れます。そこにごま油を少し加えると、とってもおいしい薬味ソースが仕上がります。

(東京都・菊川真澄)

食器の値札はがし

食器の値札シールをはがしたとき、こび

りついて残ってしまうことがあります。手で取れる部分をはがした後、ラップを丸めて強くこすると、きれいにはがすことができます。

（京都府・加藤清美）

本棚の掃除

カラッと晴れた日は本棚の掃除をします。本棚の近くにシートをしいて、本を並べ、掃除と並行して、本の虫干しもします。快晴の場合は、シートをすべらせてベランダまで持っていき、天日干しをすることもあります。本を出すことで、本棚自体もスッキリと掃除をすることができ、一石二鳥です。

（岐阜県・牧崎奈々子）

ツリーを楽しむ

我が家では、11月末にはツリーを出し、クリスマスまで長く楽しみます。飾りつけるコツは、最初にイルミネーションをつけて、点灯した状態で作業することです。キラキラと反射するボールなどは、ライトのそばに置くと効果的。さらに、オーナメントの紐をワイヤにつけ替えてツリーに結べば、思い通りの位置に固定できて、より美しく飾ることができます。

（東京都・太田美佐子）

味噌は冷凍庫へ

風味が劣化するのを防ぐために、味噌は買ったらすぐに冷凍庫へ入れます。塩分が多く含まれているので凍らず、出してそのまま使えます。溶きにくくなることもありません。

（神奈川県・島村　慈）

メモの代わりに

食材の買い物では、家にあるものを重複して購入したり、逆に必要なものを買い忘れてしまうことがよくあります。予め足りないものをメモして出かけるのが一番ですが、先日急いでいたときに、カメラ付き携帯電話で冷蔵庫内の写真を撮っていったところ、どんな食品がどれだけ残っているか、一目でわかってなかなか役に立ちました。

（東京都・明智美里）

遠くの姿見

洋服屋さんで服を試着するときは、近くの鏡だけでなく、遠くにある鏡でも姿を確認してみます。服の色や模様が溶けあって、肌の色との相性などがよりよくわかります。

（富山県・廣田悠希子）

予備の端切れで

いつの間にか溜まってしまう、洋服を買った際についてくる予備ボタンと端切れ。定期的に整理して、不要なものは「くるみボタン」を作り、子どもの髪留めにしたり、洋裁のワンポイントに使ったりしています。

（静岡県・水野千枝子）

豆の摂り方

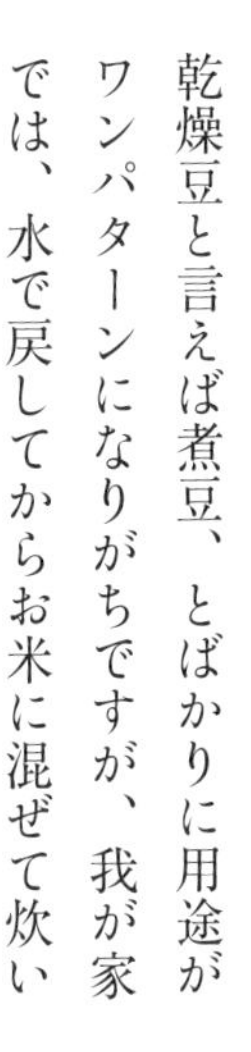

乾燥豆と言えば煮豆、とばかりに用途がワンパターンになりがちですが、我が家では、水で戻してからお米に混ぜて炊いています。味をつけなくても食べやすく、自然にタンパク質が摂れますし、炭水化物を抑えたい方にも最適です。また子どもは、小豆、黒豆などさまざまな種類の豆を混ぜて色とりどりにすると喜びます。

（愛知県・中村京子）

来年の自分に

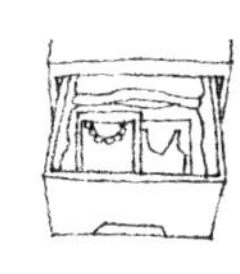

季節ごとの衣替えをする時には、来年の自分のために、衣装ケースに新品の肌着を入れておきます。新しい季節を気持ちよくスタートできます。

（千葉県・楠　昌子）

圧力鍋の焦げには

圧力鍋は調理の途中で蓋を開けることができないので、鍋底を焦がしてしまうことも。そんなとき、ステンレス製の鍋ならば水と少量の酢を入れて加熱して圧をかけると、焦げが柔らかくなり、取り除きやすくなります。アルミ製の場合、酸に弱いので酢の使用は避け、水を入れて弱火で沸かし、焦げを浮かせます。傷がつきやすいので、こする際は、柔らかいスポンジなどで。

（高知県・大木裕美）

みんなでおでん

みんなで楽しくおでんを囲む方法です。食卓にホットプレートを置き、おでんの具材をひと並べに入れ、溢れない程度に煮汁を注ぎます。具材の頭が少々出ていても大丈夫。具材が見渡せるので、「次あれ食べよう」と箸がすすみます。

（佐賀県・筒井 昭）

果物を飾る

寒くなると、きれいな色や形の果物がたくさんお店に並びます。それらを美しく器に盛り、食卓に飾って楽しんでいます。香りも良く、心豊かになります。

（岡山県・甲斐典子）

特急フレンチトースト

密閉容器に玉子、牛乳、砂糖を入れて混ぜ、適当な大きさに切った食パンやバゲットを入れます。容器にフタをし、シャカシャカ振ると、バットで浸けるよりも早くパンに液が浸み込みます。オーブントースターの受け皿にアルミホイルを敷き、容器から出したパンを並べ、少し焦げ目がつくくらいに焼きます。

（徳島県・吉田聖子）

旅のお供に

旅行に本を持っていきます。帰宅してから、本を手に取る度に旅の思い出が蘇ります。さらに本の見返しに旅日記を書いておくと、自分へのすてきなお土産に。

（千葉県・船渡川みづほ）

保冷剤はひとまとめに

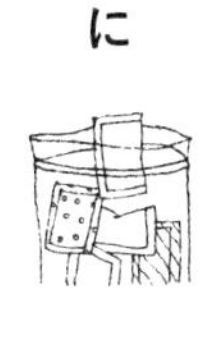

スーパーなどでもらう機会の多い保冷剤。いつのまにか冷凍庫に溜まり、食品を入れるスペースが少なくなってしまいました。そこでまとめてジッパー付きの袋に

入れ、袋に入りきらない分は処分するようにしました。必要なときに取り出しやすくなり、気に入っています。

（福岡県・小倉七津子）

刺しゅう針でお裁縫

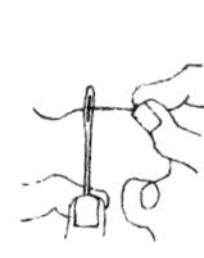

年齢を重ねると針に糸を通すことが大変になります。そこで針穴がタテ長で大きい刺しゅう針を縫い物に使うようになりました。「生地に穴が開くのでは」と思うかもしれませんが、7番程度の太さの刺しゅう針で、布目が細かすぎない普通地の生地であれば、穴は目立ちません。

（京都府・長田　尚）

きのこ入りきんぴら

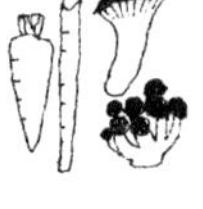

にんじんとごぼうのきんぴらは定番のおかずですが、エリンギやしめじなどのきのこを加えて炒め合わせると、風味や口当たりが良く、食べごたえも増します。

（千葉県・吉岡由美子）

袋入りのみそ

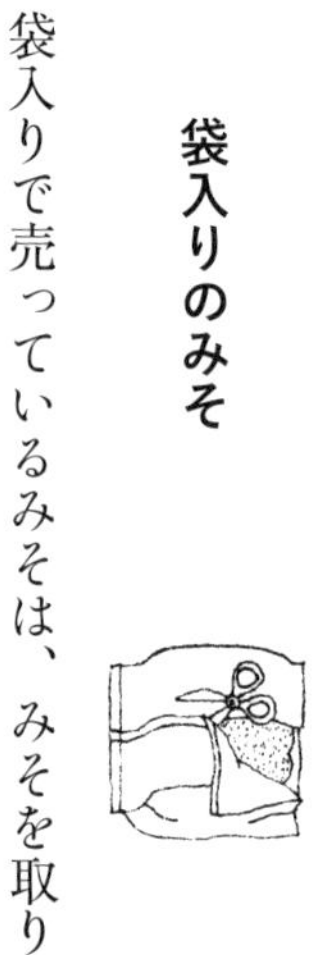

袋入りで売っているみそは、みそを取り出すときに袋のフチが汚れやすいので、使いやすい容器に移し替えています。移し替えるときは、みその袋を寝かせ、取

り出しやすいように大きく袋を切り開くと、ヘラでこそげ取るのも簡単です。
（宮城県・大橋立子）

使用済みフキン入れ

フキンを煮洗いすると、さっぱりとして気持ちがいいもの。けれど、毎日煮洗いするのは大変なので、キッチンに使ったフキンを入れるためのかごを置き、３日おきくらいに洗うことにしました。冷蔵庫にマグネットで付くタオルバーを取り付け、そこにかごの取っ手を通して下げています。場所を取らず、通気性も良いです。
（北海道・幸田佐智）

小さな冒険

初めてヘビ柄のパンプスを買ってみたら、これが大正解。柄物とはいえ渋い色味なので、白・黒・ベージュなど定番色の洋服によく合い、しかもポイントにもなります。小さな面積なら、冒険も楽しめるものですね。
（埼玉県・高橋エミ）

バットやボールを器に

狭いわが家には大皿や大鉢をしまう場所がないので、調理に使うホーローのバットを大皿代わりに、ガラスのボールを大鉢代わりに使っています。いつかはすてきな器を、と思っていますが、料理が映えるこのシンプルな感じも、気に入っています。

（千葉県・田所加奈）

ビンに作り方を

甘みそダレ、玉ねぎドレッシングなど、冷蔵庫に手作りの合わせ調味料があると、重宝するもの。それぞれのビンにマスキングテープを貼り、そこに調味料や材料の配合を書いておくと、使いきったときにすぐ作れます。

（長野県・壬生眞由美）

「使用中」の札

夫婦ふたり暮らしも長くなりました。トイレの中で具合が悪くなったときのことを考えて、鍵はかけず、その代わりに「使用中」の札を作り、ドアノブにかけています。この札、トイレを使っていないときは高い所に置いています。利用する度に手を伸ばすので、いい運動になります。

（福岡県・森山邦江）

メイク道具を洗う

メイクに使うパフやスポンジは清潔に保

ちたいもの。汚れがひどくなる前なら、食器用洗剤でもみ洗いすれば、すぐにきれいになります。私はほぼ毎日、食器を洗うときに一緒に洗います。

（京都府・木島史恵）

チケットをしおりに

映画やコンサートのチケットを本のしおりにし、読み終わってもそのまま挟んでおきます。本を再び開いたときに、映画を見た当時のこと、一緒に行った友だちのことなど、しばし懐かしい思いに浸れます。読書の楽しみがひとつ増えるでしょう。

（山梨県・谷 素代）

衣類をしまう前に

洗濯物をたたむときは、手元にゴミ箱と裁縫箱を。衣類の糸クズやポケットのゴミを捨て、取れかかっているボタンやほつれを見つけたらすぐに直します。

（東京都・横森雅美）

花を長く楽しむ

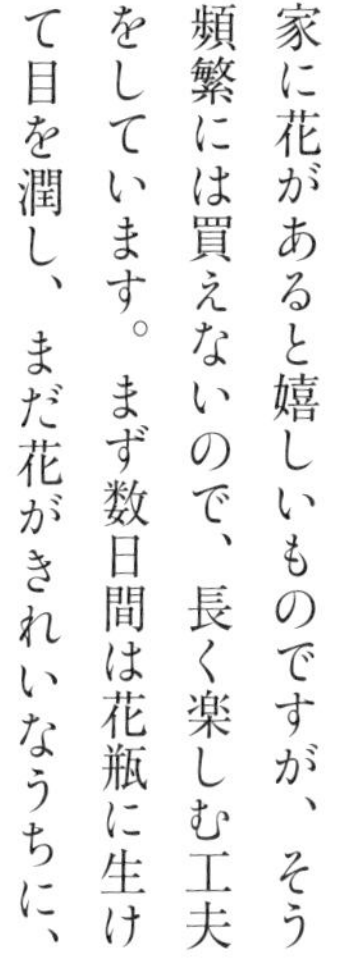

家に花があると嬉しいものですが、そう頻繁には買えないので、長く楽しむ工夫をしています。まず数日間は花瓶に生けて目を潤し、まだ花がきれいなうちに、

風通しの良い日陰に逆さに吊るし、ドライフラワーにします。小花が集まったものや、花弁がしっかりした花のほうが作りやすいようです。

（山梨県・岸田 純）

「備え」を持ち歩く

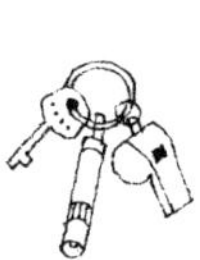

引き出しの奥から、だいぶ前に買った緊急用のホイッスルと、携帯用LEDライトが出てきました。存在を忘れていたことを反省し、いつも持ち歩けるよう、家の鍵のキーホルダーにつけました。鍵を見るたび、備えの大切さを感じます。

（東京都・田端信夫）

お財布の整理に

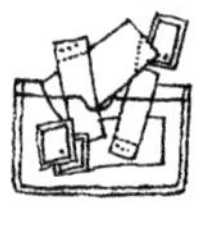

お財布の中身はこまごましたものが多くなりがち。私はカードサイズのクリアケースに、クーポン券や切手など、小さくて見失いそうなものを入れています。すっきりとして見やすく、取り出しやすくなります。

（東京都・千田光江）

便利な片付け方

子どもがブロックや積み木を床いっぱいに広げて遊ぶと、片付けるときに小さなパーツを見落としてしまいがちです。そ

こで、レジャーシートを敷いてその上で遊ばせます。シートを折り畳みながら片付けると、拾い忘れもなく、あっという間にきれいになります。

（大阪府・広瀬千恵子）

名刺にメモを

名刺をいただいたら、裏面に、お会いした日にちのほか、その方の特徴や話したことなどを記しておきます。絵が得意なら、似顔絵を描いておけば、しばらく経ったときにも鮮明に思い出せますよ。

（香川県・榊原幸子）

着替えは洗面所で

家に帰ったら、まず手を洗うのは当たり前ですが、汚れているのは手だけではありません。人ごみを歩いた後の服も、埃などで汚れています。私は、出かける前に部屋着を洗面所に置いておきます。手を洗ったついでに、洗面所で着替えると、室内に汚れを持ち込まずに済みます。

（兵庫県・花田洋子）

ノートに記録

忘れたくないことをスマートフォンや付

箋紙にメモしたのに、メモしたこと自体を忘れてしまった、そんな経験はありませんか？　私は家でも小さなノートを持ち歩き、忘れたくないことをすべてメモしています。買うもの、約束、簡単なレシピ……。数日分をすぐに見返せますし、バラバラになることもありません。

（埼玉県・田所美和）

消えるチャコペンシル

近年出回ってきた「こすると文字が消えるペン」。わが家ではお裁縫でも大活躍です。このペンのインクは、熱で無色になる性質があるため、チャコペンシルの代わりに使うと、仕上げのアイロンでたちまち消えてしまいます。

（東京都・山永千乃）

料理道具の置き場所

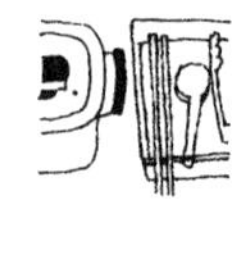

料理をするときは、小さなバットをひとつ、調理台に出しておきます。何度も使う菜箸やトング、計量スプーンなどをちょっと置いておくのに便利ですし、置き場所が決まっていると作業がスムーズです。

（静岡県・川上由紀）

特製ケチャップ

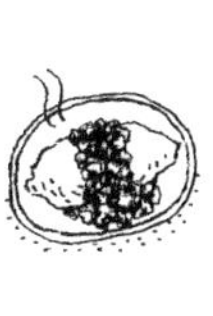

トマトをひと口大にカットし、トマトケチャップと和えて、プレーンオムレツにかけます。簡単に野菜がとれて、ワンランク上のおいしさになります。

（新潟県・青木寛子）

手土産のアイデア

ホームパーティーなどに招かれたときの手土産のアイデアです。ロールケーキや羊羹など、切り方次第で個数を調整できるものを選んでいます。急に参加する人がいても、みんなで同じものを食べることができます。

（千葉県・川上幸子）

高菜炒め

高菜漬けを買ったら、半量でこんな作り置きはいかがでしょう。水気をしぼって食べやすく切り、ごま油で炒め、白ごまを振って完成です。ご飯に混ぜておにぎりにしたり、チャーハンの具にしたりと、便利です。

（東京都・菊川真澄）

出先でも安心

外出時に、ガスや電灯を消してきたか、家の戸締まりをしたかどうか、気になって落ち着かない、ということはありませんか。私は、外出前に行うことのチェックリストを作り、印をつけてから出掛けるようにしています。出先でも安心して過ごせますよ。

（熊本県・鍬崎葉子）

小さいまな板

牛乳パックを洗って開き、使い捨てのまな板にすることがあります。何枚もあるときは、半分や、四分の一に切っておきます。生ものや油ものをちょこっと切りたいときに重宝します。

（神奈川県・杉本直美）

洗剤を使わなくても

シンクを使ったら、毎回、新聞紙で汚れや水分を拭き取り、最後にティッシュペーパーでひとなで。洗剤を使わなくても、美しさを保つことができます。

（京都府・森本ヒロ子）

トイレ掃除

毎日気分良く過ごすのは、なかなか難しいものです。イライラしたり、憂鬱な気持ちになったときは、トイレ掃除を一心不乱にやってみます。手を動かしていると、いつの間にか心が晴れて、すっきりとした気持ちになります。

（東京都・角田トシ）

私の健康法

歳を重ねると、のどの渇きに気づきにくく、水分不足になりがちです。そこで私は、毎日、３００ミリリットルのペットボトル４本に水を入れて、少しずつ飲むようにしています。こうすることで、飲んだ量がひと目でわかり、きちんと水分が摂れます。おかげで足がつりにくくなりました。

（兵庫県・穴田敏子）

野菜を生ける

来客時は、季節の花の代わりに野菜をテーブルに生けてお迎えします。何もないときは、牛乳瓶にパセリを生けるだけでも目先が変わります。お客様は「野菜を生けるなんて変わっているね」と、楽しんでくれています。

（兵庫県・北野中子）

風邪予防に

首元を温めると風邪をひきにくいと聞きました。それからは、フェイスタオルを巻いて寝ています。

（富山県・奥川幸代）

辛いときこそ

最近、親の介護で仕事を休む日が増え、そのしわ寄せで、勤務日はへとへとになることがよくありました。ある日、デパートで、パステルカラーのカーディガンをつい買ったのをきっかけに、「服だけでも明るくきちんとしたものを」と自分に言い聞かせるように。前よりも少し、余裕を感じられるようになってきました。人生、楽しむぞ!!

（兵庫県・岸 幸栄子）

編集　村上薫
暮しの手帖編集部
校閲　暮しの手帖編集部
オフィスバンズ

小さな思いつき集　エプロンメモ

二〇二三年二月二十七日　初版第一刷発行

編　者　暮しの手帖編集部

発行者　阪東宗文

発行所　暮しの手帖社　東京都千代田区内神田一ノ一三ノ一　三階

電　話　〇三―五二五九―六〇〇一

印刷所　株式会社 精興社

ISBN 978-4-7660-0228-7 C2077